광장의 교회

광장의 교회

광화문 세월호 광장 천막카페 이야기

양민철·김성률 지음

Holy
WavePlus

차례

2014년 4월 16일 오전, 인천항을 출발해 제주도로 가던 세월호가 전남 진도군 앞바다에서 갑자기 침몰하였다. 이 사고로 탑승객 476명 중 295명이 사망했고 9명이 실종되었다. 사망자 중 250명이 당시 제주도로 수학여행을 가던 안산 단원고 학생들이었다. 청운의 꿈을 한창 펼칠 나이의 꽃다운 청소년들이 순식간에 바닷속 시커먼 어둠 속으로 사라져버렸다. 이 사건은 대한민국 현대사의 대표적 참사 중 하나가 되었다.

세월호 참사가 일어난 지 2년이 되었지만 사건의 실체적 진실에 접근하는 길은 아직까지도 막혀 있다. 어느 누구도 실질적인 책임을 진 사람이 없으며, 세월호 참사 희생자 가족들의 상처는 전혀 치유되지 못했다.

아우슈비츠에서 구사일생으로 생존한 작가 프리모 레비(Primo Levi)는, 수용소 안에서 무젤만이라 불리던 사람들을 소개한다. 무젤만이란 병약하여 독가스실로 직행할 수밖에 없었던 사람들을 말한다. 프리모 레비는 무젤만을 가리켜 "그들은 살아 있다고 부를 수도 없고, 또한 그들의 죽음을 죽음이라고 부를 수도 없다"라고 적었다. 살아 있으나 죽은 자와 같은 자, 나는 세월호 참사 희생자 가족들이야말로 우리 시대의 무젤만이 아닌가 한다.

옛말에 부모가 죽으면 산에 묻고, 자식이 죽으면 가슴에 묻는다고 했다. 세월호 희생자 가족들은 하루아침에 보석 같은 자식을 잃고 그 자식을 부득이 가슴에 묻은 사람들이다. 아니, 더 정확하게 말하자면 먼저 떠난 자식을 가슴에도 묻지 못하고 여전히 기억과 감정 속에서 마주하며 고통스럽게 살아가는 자들이다. 세월호 참사가 일어난 때부터 지금까지 2년 동안 대한민국 정부와 사회가 세월호 희생자 가족들에게 보여준 잔인한 태도는 상상 이상이었다. 그렇다면 교회는 어떠했는가? 유감스럽게도 교회 역시 별반 차이가 없었다. 세월호 희생자 가족들을 향해 쏟아진 막말과 싸늘한 시선들은, 그들을 살아 있으나 죽은 자, 곧 무젤만과 같은 존재로 만들었다.

하지만 엄혹한 광야의 시간 동안 희생자 가족들 곁에서 말없이 그들의 아픔에 동참한 사람들이 있었다. 광화문 세월호 광장의 천막카페도 그중 하나였다. 이 책은 세월호 희생자 가족들 곁에서 예수 그리스도의 이름으로 그들의 슬픔과 고통에 동참한 사람들의 이야기를 담고 있다. 이 책이 2014년 4월 16일 이후를 살아간, 우리 사회의 모순의 십자가를 짊어진 희생자들과 그들 곁에 있었던 그리스도인들의 삶을 증언하는 기록이 되길 바란다. 또한 이를 통해 광화문 천막카페에서 묵묵히 봉사한 그리스도인들과, 무엇보다 세월호 참사 희생자 가족들에게 작은 위로가 되길 소망한다.

새물결플러스
김요한 목사

고난당하는 이웃의 친구, 천막카페 이야기

'고난당하는 이웃과 함께하는 천막카페'는 기독교 사회참여 활동의 일환으로, 한국사회 고난의 현장을 직접 찾아가 고통 중에 있는 사람들과 함께할 목적으로 설립된 개신교 단체다. 우리의 꿈은 한국교회가 한국사회에서 우는 자들의 눈물을 닦아주는 것이다. 우리는 성서의 "우는 자들과 함께 울라"(롬 12:15)는 말씀을 '천막카페'라는 방법으로 실천하고 있으며, 고난의 현장에 세워진 천막카페를 통해 교회당 안에 갇혀 있는 복음주의권 교회들을 일깨워 그 현장으로 안내하길 원한다.

천막카페는 세월호 참사 국민대책위로부터 2014년 8월 광화문 국민휴가 기간 중(1-9일) 커피 봉사를 요청받아 시작하게 되었다. 이 일을 '교회2.0목회자운동'과 함께하였기에 최초 명칭을 '교회2.0 광화문 천막카페'라고 하였다. 첫 번째 커피 봉사 시즌(2014.8.1-9)을 마친 다음에는 교회2.0목회자운동의 공식 산하기관이 되었고, 그 후 광화문에 자리 잡은 세월호 광장이 시민들의 무관심 속에 급격히 한산해지면서 세월호 참사 가족대책위로부터 커피 봉사 재개를 요청받아 천막카페 두 번째 시즌을(2014.11-12월) 시작하였다.

천막카페 두 번째 시즌은 2014년 겨울이 시작되면서 광장의 혹독한 추위와 싸워야 했다. 도시의 차가운 빌딩 사이를 헤집고 다니는 칼바람은 가뜩이나 상처가 많은 사람들의 몸과 마음을 더 힘들게 했다. 세월호 참사가 발생한 직후 수많은 시민들이 애도의 마음으로 찾아주었던 첫 번째 시즌과는 달리, 두 번째 시즌에는 찾는 이가 대폭 줄어 우리는 광야와 같은 콘크리트 바닥에서 장기 봉사자들을 돕는 일에 주력하였다. 광화문을 찾고 머무는 사람들에게 천막카페는 찬바람을 피하고 따뜻한 물을 마실 수 있는 피난처 같은 장소였다. 2014년 12월 24일 성탄절 전야에는 장기 봉사로 심신이 지쳐가는 봉사자들을 격려하고 다시 결집시키기 위해 '위드콘서트'를 개최하였다. 이때부터 "함께하면 희망이 자란다!"고 힘껏 외치기 시작했다. 한편 천막카페 세 번째 시즌을(2015.1-2월) 시작하면서부터는 현장 봉사자들이 책임과 권한을 가지고 카페를 직접 운영하기 위해 교회2.0목회자운동의 '산하기관'에서 '협력기관'으로 관계를 새롭게 정립하였다.

천막카페 네 번째 시즌은(2015.3-4월) 세월호 참사 1주기와 맞물렸다. 광화문 세월호 광장에는 엄청난 인파가 모였다. 1주기 당일 분향소를 찾는 조문행렬은 말 그대로 끝이 보이지 않았다. 인산인해란 말이 실감나는 풍경이었다. 시민들의 뜨거운 관심은 세월호 참사의 진실을 규명하고자 하는 희망 그 자체였다. 천막카페는 몰려드는 시민들을 위해 막대한 양의 물과 커피를 공급하였고, 그해 4월 말부터 8월 말까지는 광장에 상주하는 희생자 가족과 주요 봉사자들에게 식사를 공급하였다. 천막카페에 식사 봉사라는 새로운 일거리가 생긴 것이다. 요일별 식사 봉사는 천막카페가 주관하였고, 많은 교회와 단체와 개인들의 자발적 참여가 이어졌다. 이때 식사 봉사를 떠맡으면서 자연스럽게 외부 봉사자들과 연대하는 계기를 만들 수 있었다. 한편 이 기간에는 광화문 세월호 광장이 새롭게 리모델링(7월)되었다.

천막카페는 2개월을 한 시즌으로 정하고 매주 요일별 붙박이 봉사자를 세워 운영하고 있다. 해당 요일에 책임을 맡아 일할 봉사자는 불특정 다수를 상대로 공개 모집하는 대신 함께 일할 만한 검증된 사람을 찾아 맡겼다. 세월호 광장은 다양한 사람이 한데 모이는 곳이기에 검증되지 않은 사람에게 개신교 이미지가 걸린 일을 맡기는 것은 위험하다고 판단했기 때문이다. 따라서 현재 요일별 주요 붙박이 봉사자는 교회2.0목회자운동 회원교회 목회자와 교인들, 그리고 광장을 찾는 신뢰할 만한 그리스도인들로 구성되어 있다. 주 붙박이를 돕는 보조 붙박이 봉사는 비교적 열려 있다.

천막카페 일곱 번째 시즌(2015.9-10월)과 함께 매주 목요일 저녁마다 세월호 광장에서는 '목요문화제'가 열렸다. 목요문화제는 현장의 요청에 의해 시작되었으며, 처음에는 천막카페와 문화연대가 함께 토요 촛불문화제를 책임지기로 했다가, 천막카페 측의 제안에 따라 문화연대는 토요 마당을, 천막카페는 목요 마당을 책임지기로 최종 결정하였다. 목요문화제는 기독교가 주관하는 광장문화제로 매월 첫째 목요일은 촛불기도회가, 둘째 목요일은 함께하는 예배, 셋째 목요일은 음악 공연, 넷째 목요일은 광장신학마당이 펼쳐진다. 이제는 교회가 골방에 머물던 사적 영성을 넘어서, 광장으로 나와 교회의 공적 책임을 다해야 할 때이다. 교회의 공적인 책임은 사회 정의 실현을 추구하고 고난당하는 이웃의 친구가 되어주는 일이다.

천막카페 여덟 번째 시즌(2015.11-12월)이 시작되면서 우리는 또 다시 혹독한 추위와 싸워야 했다. 이 기간에는 대학입학 수능일을 맞아 '아이들의 책가방' 프로젝트 전체 진행을 주관하였고, 12월 24일 저녁에는 "희망의 바람이 분다"는 주제로 20개 개신교 단체들과 함께 성탄절 광장문화제를 공동 주관하였다. 천막카페가 언제까지 일할 수 있는지에 대해 묻는 사람이 많다. 우리는 광화문에 세월호 광장이 존재하는 동안 광화문 천막카페라는 이름으로 상주하면서 세월호 참사 희생자 가족들 곁에 끝까지 머물 것이다. 또한 진실 규명을 위해 수고하는 장기 봉사자들을 돕는 일을 지속할 것이다. 한국사회의 고난당하는 이웃과 함께하기 위해

 　　　　　제1부 고난당하는 이웃의 친구, 천막카페 이야기

설립된 단체이기에, 천막카페는 세월호 참사의 진실이 밝혀진 후
에도 계속해서 고난당하는 이웃과 함께하려고 한다. 우리는 서로
함께하면 희망이 더 커진다고 확신한다.

2015년 12월 24일 성탄절 광장문화제에서 새맘교회 박득훈 목사는 "성탄은 긍휼 어린 저항의 대사건이다"(눅 2:11-12)라는 제목으로 설교하였다.

❋ 동네 커피 봉사

내가 목회하는 희망찬교회는 경기도 구리시 인창동에 위치하고 있다. 예배당 옆에는 북부간선도로 아래를 통과하는 작은 터널이 있고 지역 주민들은 이 터널을 지나 동구릉 뒷산에 오른다. 1997년 구리에 처음 이사 왔을 때 가슴이 뻥 뚫리는 듯한 이곳 아침 공기가 참 좋았다. 시간이 흐르면서 수많은 건물이 새롭게 들어서고 구리시를 통행하는 차량들이 급증하다 보니 시내의 공기는 많이 혼탁해졌지만 동구릉 뒷산의 공기는 여전히 신선하다. 새벽기도회를 마칠 무렵이면 예배당 앞을 지나 동구릉에 오르는 사람들이 꽤 많다. 아마도 나처럼 뒷산의 공기를 사랑하는 사람들일 것이다. 날씨가 매서운 한겨울이 아니고서는 거의 매일 사람들의 발걸음이 끊이질 않는다. 희망찬교회는 바로 그 등산로 입구에 있다.

　지금부터 10년 전인 2006년 겨울이었다. 새벽기도회를 마치고 문밖을 나서니 교회 자매들이 오가는 사람들에게 커피를 나누어주고 있는 게 아닌가! 봉사자들은 평균 30대 중반으로 이루어진 여선교회 회원들이었다. 자매들은 새벽같이 일어나 기도회에 참석했고 이후에는 따뜻한 커피와 녹차, 율무차를 준비하여 등산 가는 주민들을 섬겼다. 예배당 인근에 산이 있어 겨울이면 주차된 자동차의 유리가 가장 먼저 어는 곳이 우리 동네다. 이런 장소에서 한겨울에 커피 봉사를 하기란 결코 쉬운 일이 아니다. 젊은 주부들이 새벽기도회에 참석하는 것도 대단한데 기도회를 마치고 커피 봉사까지 하다니 너무나 놀라웠다. 교회의 일방적인 지시나 결정에 의해 억지로 동원된 봉사였다면 오래가지 못했을 것이다. 하지만 희망찬교회의 커피 봉사는 철저하게 자발적으로 시작되었다. 여선교회 모임에서 한 자매가 제안하였고, 이를 좋게 여긴 두어 사람이 힘을 보태면서 커피 사역이 시작된 것이다. 미국의 신학자 매튜 폭스의 말이 생각난다. "게으름에 대한 처방은 부지런하게 살겠다는 다짐이 아니라 내면의 불꽃(열정)을 발견하는 것이다." 내면에 숨겨진 열정이 자극되면 스스로 게으름을 떨쳐버릴 수 있다. 그렇다면 내면의 불꽃인 열정의 정체란 무엇인가? 바로 사랑이다. 어떤 일을 사랑하면 그 일에 열정을 품게 된다. 사랑은 설득하거나 강요한다고 되는 게 아니라, 어느 날 자기도 모르게 저절로 불 붙는 것이다. 그런 착한 열정의 배경에는 성령님의 일하심이 있을 것이다. 먼저 한 사람이 불쏘시개가 되고 거기에 몇 사람이 땔감을 보태면 사랑의 불이 붙는다. 이처럼 하나님의

　　제1부 고난당하는 이웃의 친구, 천막카페 이야기

일은 어느 누구 혼자만의 힘으로는 완성되지 않는다. 서로 함께할 때 비로소 결실을 맺는다.

그런데 어떤 공동체든 불을 붙이는 사람이 있는가 하면 불을 끄는 사람도 있다. 불을 끄는 사람이 일을 주도하면 공동체는 차가워지고 침체의 늪에 빠지게 된다. 공동체가 살아나려면 구성원들이 불쏘시개 역할을 하는 사람을 잘 도와야 한다. 희망찬교회 커피 사역은 자원해서 불쏘시개가 된 한 자매와 자신을 땔감으로 제공한 다른 자매들로 인해 불이 붙었다.

교회당 앞을 지나는 마을버스 기사가 일부러 잠시 정차하여 수신호로 커피 한 잔을 주문하는 모습은 정겹기 그지없다. 어느새 단골이 된 할머니들은 마치 오래된 친구마냥 자매들에게 먼저 이런저런 이야기를 건네고, 커피를 권하는 자매들에게 가벼운 눈인사로 답례하고 가는 분들도 있다. 새벽기도회를 마친 다른 지체들도 옹기종기 모여 커피 한 잔을 즐기며 잠시 수다를 떨다 간다. 봉사자들의 수고가 너무나 예쁘고 고마워 교회에서는 이들이 추위를 피할 수 있는 천막을 구입했다. 덕분에 드디어 매서운 겨울바람을 피할 수 있게 되었다. 그 천막은 십 년이 지난 지금도 멀쩡하며, 주로 가수들의 재능 기부 단체인 '더(THE)나누리'("난 바람 넌 눈물"의 가수이자 희망찬교회 교우인 백미현 씨가 회장으로 있다)가 주관하는 거리 공연에서 커피 봉사를 위해 사용한다.

교회 자매들이 처음 커피 봉사를 시작했을 때만 해도 한 주에 하루 정도만 봉사하는 줄 알았다. 그런데 그게 아니었다. 그들은 월요일부터 금요일까지 새벽기도회가 있는 날이면 하루도 빼놓지 않고 꼬박꼬박 커피를 나누어주었다. 이렇게 2006년 겨울에 시작한 커피 봉사는 2007년 여름이 되기 전까지 지속되었다. 하지만 날씨가 급격히 무더워지면서 더는 뜨거운 음료를 제공하는 게 의미가 없어 커피 봉사는 자연스럽게 중단되었다. 당시만 해도 우리 교회는 시원한 음료를 제공할 순비가 되어 있지 않았다.

봄이 찾아오자 구리시에 있는 몇몇 교회들이 거리로 나와 커피 봉사를 하는 모습이 눈에 띄었다. 좋은 현상이란 생각이 들면서도 한편으로는 교회들이 봉사를 은근히 경쟁적으로 하는 것 같아 마음이 좋지 않았다. 그래서 우리는 그 일에서 손을 떼기로 했다. 경쟁을 과열시키기보다는 우리가 잘할 수 있는 다른 일을 찾아서 봉사하는 것이 더 낫겠다는 판단이 들었기 때문이다. 그런데 10년 전 조촐하게 시작했던 커피 봉사가 작은 씨앗이 되어 오늘의 천막카페까지 이르게 되었으니, 하나님의 섭리가 놀랍기 그지없다.

길거리에서 시작한 커피 봉사는 핸드드립 문화로 발전하였다. 평소 커피를 즐기던 나는 강릉에 사는 보헤미안 박이추 선생의 핸드드립 방법을 영상으로 배워 목자반 공부 시간에 교인들과 함께 나누었다. 주일 저녁에 모이는 목자반은 손으로 정성껏 내린 커피를 나눠 마시면서 한주간의 피곤함을 씻었다. 공부 모임이었던 목자반은 얼마 지나지 않아 신나는 친교의 자리로 바뀌었다. 어떤

 제1부 고난당하는 이웃의 친구, 천막카페 이야기

자매는 "우리 목사님이 내려주신 커피가 최고!"라고도 했다. 새로운 커피 문화는 구성원들에게 색다른 즐거움을 안겨주었고 그 즐거움은 목자반에 활기를 불어넣었다. 어떤 모임이든 재미가 있으면 모임이 잘 된다. 아무리 좋은 내용을 나눈다 하더라도 구성원들이 흥미를 느끼지 못하면 그 모임은 실패하고 만다. 우리 교회의 경우 성경 공부에 커피 친교가 보태지니 확실한 시너지 효과가 나타나기 시작했다.

희망찬교회는 커피 봉사를 하면서도 결코 교회 홍보용 띠를 두르거나 전단지를 배포하지 않는다. 그저 친절한 미소와 함께 커피와 음료를 나눌 뿐이다. "기쁨, 이것 하나면 충분합니다!"라는 문구가 새겨 있는 홀더에 커피를 담아주는 게 전부다. 처음에는 우리도 전도용 띠를 두르고 봉사하자는 의견이 있었다. 하지만 그렇게 하지 않았다. 우리에게 구령의 열정이 없기 때문인가? 그렇지 않다. 성서의 말씀대로 한 영혼의 가치는 천하보다 더 귀하다. 사랑을 담아 정성껏 내린 커피 한 잔은 귀중한 음료임이 틀림없지만, 한 사람의 가치에는 비교할 바가 못 된다. 고작 커피 한 잔 대접해놓고 온 세계와 동일한 무게를 가진 한 인격이 변화하기를 요구하는 것은 지나친 처사다. 그리스도께서는 우리를 구원하시기 위해 자신의 생명을 바치셨다. 따라서 우리도 그런 마음으로 사람을 대해야 한다. 전도하기에 앞서 먼저 인격적인 관계를 충분히 맺는 것이 중요하다는 얘기다. 사실 한국교회는 전도를 지나치게 성급하게 접근하고 추진하는 경향이 있다. 상대의 마음 문이 전혀 열리지 않았는데도 무작정 복음을 집어넣으려고 하는 경우가 그렇다. 그러나 급하게 행동하면 본심과 달리 무례를 범하기 쉽다. 복음의 핵심은 하나님의 사랑이다. 우리는 먼저 이 사랑을 전해야 한다. 사랑의 본질은 상대를 있는 그대로 존중하며 그를 귀히 여기는 것이다. 누군가에게 복음을 제시하기 전에, 교회에 가자고 말하기 전에 "당신은 소중합니다"라는 메시지부터 전해야 한다. 그 일에 커피 봉사가 한 가지 방편이 될 수 있을 것이다. 공손하고 친절한 태도와 함께 질 좋은 커피를 기꺼이 대접하다 보면 예수 그리스도의 십자가의 복음이 필요한 사람이 우리의 친절을 통해 사랑을 느껴 언제고 마음의 문을 활짝 열 것이다. 강제로 문을 부수고 침입하는 일은 강도들이나 하는 짓이다. 우리는 상냥하고 정중하게 상대의 마음 문을 두드려야 한다. 미숙하고 성급한 열정이 복음의 가치를 떨어뜨린다는 사실을 잊지 말자. 예수님께서는 착한 행실로 복음 전파의 문을 열 것을 권하신다. "이같이 너희 빛이 사람 앞에 비치게 하여 그들로 너희 착한 행실을 보고 하늘에 계신 너희 아버지께 영광을 돌리게 하라"(마 5:16).

2013년 봄에 구리역에서 커피 봉사를 하는 장면이다. 시민들이 자발적으로 줄을 서주었다.

2014년 4월 20일은 부활절이었다. 부활절은 예수님이 죄와 사망의 권세를 꺾고 승리하신 것을 기념하는 날로서 기독교 절기 중 가장 중요한 절기다. 갈보리 십자가에 못 박혀 죽으신 예수님께서 죄와 사망의 권세를 깨뜨리고 부활하신 것은 복음의 핵심이다. 부활은 이 십자가에서 죽으신 분이 하나님의 아들이었다는 사실을 확증해준다. 따라서 교회는 예수님의 부활의 의미를 나누며 승리와 영광을 선포해야 한다. 하지만 희망찬교회는 2014년에 부활절 예배를 드리지 않았다. 매 주일을 그런 마음으로 보내면 되지, 꼭 4월 20일이 아니어도 된다고 생각했기 때문이다. 불과 며칠 전인 4월 16일에 세월호 참사가 벌어졌다. 가라앉은 배 안에는 304명의 생명이 갇혀 있었다. 이런 상황에 교회 안에서 우리끼리 부활의 기쁨과 감격을 독점해도 되는가? 생각이 거기에 미치자 도저히 부활절을 강행할 수 없었다. 예수님께서도 연중 하루를 콕 집어서 부활절 날짜를 지키지 않았다고 나를 책망하실 것 같지 않았다. 이런 뜻을 교인들에게 내놓고 차제에 전 교회가 함께 세월호 희생자들을 애도하자고 당부했다. 달리 반대하는 사람이 없었다. 어떤 형제는 매우 잘한 결정이라는 반응을 보였다. 함께 일하는 동료들에게 우리 교회의 결정을 알렸더니 "요즘 이런 교회가 있느냐?"고 반문하였다는 후문을 전해 들었다.

2014년 고난주간 수요일 아침에 수백 명이 승선한 세월호가 기울기 시작했다. 얼마 못 가 배는 완전히 가라앉았고 그 배에는 무려 304명이 구조를 받지 못한 채 남아 있었다. 나는 애타는 마음으로 며칠을 보냈지만 단 한 명의 생존자도 추가로 구조했다는 소식은 들을 수 없었다. 이런 상황에서 예수님의 승리와 영광을 선포하는 부활절을 강행하는 것은 내 신앙 양심이 허락하지 않았다. 결국 2014년 부활절은 무기한 연기되었고, 승리와 영광을 선포하는 부활절 대신에 주일에 304명의 희생자들을 애도하는 노란 리본 달기 추모행사를 열었다. 주일 아침예배를 경건하게 드린 후에 교인들은 미리 준비되어 있던 노란 리본에 글을 썼다. "잊지 않겠습니다", "미안합니다", "진실의 그날까지 끝까지 함께하겠습니다", "마음이 아픕니다", "우리 곁을 떠난 당신들은 하늘의 별이 되었습니다." 그 노란 리본들을 교회 입구 계단 난간에 하나씩 달기 시작했다. 행사는 차분하게 진행되었고 교우들 사이에서는 조용히 흐느끼는 울음소리가 끊이지 않았다.

 　　　　　제1부 고난당하는 이웃의 친구, 천막카페 이야기

희망찬교회의 꽃꽂이를 책임지고 있는 주은자 자매는 2014년 4월 27일 주일에 세월호를 연상시키는 배 모양으로 꽃을 장식했다.

또한 그 주일에는 오랫동안 교회 꽃꽂이 봉사를 맡아서 수고하는 자매가 노란 국화로 배 모양의 꽃꽂이를 해왔다. 세월호를 연상케 하는 노란 국화는 바라보는 이들의 마음을 또 한 번 크게 흔들어놓았다. 가라앉은 배와 더불어 수장된 304명의 희생자가 얼마나 절박하게 구조를 기다렸을까 생각하니 가슴이 먹먹해졌다. 250명의 단원고 학생들은 얼마나 엄마가 보고 싶었을까? 자식 같은 학생들이 숨이 멎는 마지막 순간까지 애타게 엄마를 불렀을 것을 생각하니 견딜 수 없이 슬펐다. 아무도 생각지 못했던 주일 꽃꽂이 장식은 모두에게 큰 울림이 되었다. 귀중한 옥합을 깨서 예수님께 향유를 부어 십자가의 고난에 동참한 마리아처럼, 그 자매는 자신의 재능으로 "가만히 있으라"는 거짓말을 믿었다가 억울하게 죽어간 이들을 추모했다. 자신의 재능으로 누군가를 위로하는 일은 얼마나 값진 일인가! 고난당하는 이들과 함께 여전히 십자가에 매달려 계신 그리스도께서 "딸아, 나의 죽음을 애도하는 꽃꽂이를 해주어 참으로 고맙구나!" 하실 것 같았다. 그날 자매의 경건하고 여린 손끝에서 십자가의 사랑이 꽃피었다.

나는 지금도 2014년 8월 1일이 잊히지 않는다. 폭염주의보가 발령된 그날, 광화문 광장에서는 유민이 아빠가 단식 중이었고 그 주변으로 많은 시민이 찾아왔다. 순간 내 눈에 한 무리의 봉사자들이 들어왔다. 미술을 전공하는 대학생들이 땡볕에 앉아 그림을 그리고 있었다. 그들의 작업은 오후 4시가 넘어도 끝날 기미가 안 보였다. 대학생들은 연신 글을 쓰고 그림을 그렸고, 현수막을 만들어 광화문 세월호 광장을 장식하였다. 그날, 고난당하는 이들을 미술이라는 재능으로 위로하는 대학생들을 보면서 많은 사람이 적잖은 위로를 받았다. 아직도 이런 청년들이 있다니! 우리는 하나님께서 주신 재능을 어떻게 사용하고 있는가? 혹시 자신의 이익과 만족만을 위해 소진하고 있지는 않은가? 그렇다면 당신은 하나님의 사람이 아니다. 하나님께서는 타자를 위해 존재하시는 분이다. 하나님께서 주신 재능은 다른 사람을 위해 사용할 때 그 가치가 더욱 빛난다.

내 페이스북 계정에 우리 교회 자매의 세월호 꽃꽂이를 소개하면서 노란 리본 달기 추모행사를 알렸더니 촛불교회 최헌국 목사가 참석 의사를 전해왔다. 그는 거리의 목사이자 고난당하는 이웃의 친구다. 나는 그에게 기도를 부탁하였다. 고난당하는 이웃의 친구로 살아온 험한 세월의 무게 때문인지 그의 기도에서는 시대에 대한 애절한 아픔이 느껴졌다. 최 목사의 기도는 고난당하는 이웃과 함께하며 진정으로 아파하는 자만이 드릴 수 있는 기도였다. 진정한 기도는 삶의 현장 한복판에 존재한다. 이때 고난당하는 자들과 함께 우는 사람의 기도에는 치유의 힘이 있다.

그때에 임금이 그 오른편에 있는 자들에게 이르시되 "내 아버지께 복 받을 자들이여, 나아와 창세로부터 너희를 위하여 예비된 나라를 상속받으라. 내가 주릴 때에 너희가 먹을 것을 주었고 목마를 때에 마시게 하였고 나그네 되었을 때에 영접하였고 헐벗었을 때에 옷을 입혔고 병들었을 때에 돌보았고 옥에 갇혔을 때에 와서 보았느니라." 이에 의인들이 대답하여 이르되 "주여, 우리가 어느 때에 주께서 주리신 것을 보고 음식을 대접하였으며 목마르신 것을 보고 마시게 하였나이까? 어느 때에 나그네 되신 것을 보고 영접하였으며 헐벗으신 것을 보고 옷 입혔나이까? 어느 때에 병드신 것이나 옥에 갇히신 것을 보고 가서 뵈었나이까?" 하리니, 임금이 대답하여 이르시되 "내가 진실로 너희에게 이르노니 너희가 여기 내 형제 중에 지극히 작은 자 하나에게 한 것이 곧 내게 한 것이니라" 하시고(마 25:34-40).

고난당하는 이웃의 친구가 된다는 것은 예수님의 친구가 된다는 의미다. 예수님의 친구가 되려면 예수님의 아픔을 공감할 수 있어야 한다. 곧 우는 자들과 함께 울 수 있어야 한다. 다른 사람의 아픔을 공감할 줄 모르면 예수님의 친구가 되기 어렵다. 예수님의 마음은 언제나 고난당하는 이들 곁에 있기 때문이다.

추모행사를 마치고 최 목사와 함께 인근 카페로 장소를 옮겨 이런저런 이야기를 나누다 보니 두어 시간이 훌쩍 지났다. 최 목사는 우리 시대의 고난당하는 이웃과 함께하기 위해 10년의 세월을 거리와 광장에서 살다시피 했다. 그의 이야기를 듣고 있자니 고맙고 미안한 마음이 뒤엉켰다. 나는 그의 사역 이것저것을 자세히 캐물었다. 어떤 사람들이 고난당하는 이웃과 함께하는지 궁금해서였다. 그는 우리 사회의 소외되고 그늘진 구석을 찾아서 살피는 그리스도인과 교회들의 이야기를 자세히 들려주었다. 나는 그의 이야기를 들으며 죄스러운 마음이 들면서도 한편으로는 내가 기대한 것보다 못하다는 생각이 들어 조금은 실망스러웠다. 물론 어떤 일을 규모나 양으로 판단하는 것은 올바른 접근이 아닌 줄 안다. 하지만 한국교회의 전체 규모에 비해 고난의 현장을 찾는 발걸음은 너무도 적었다. 그리고 그 중심에는 나 같은 목사들이 있었다. 사회 일에는 도통 무관심하면서 오직 기도하고 말씀을 묵상하는 것만이 경건의 본질로 아는 목사들이 문제였다. 나 역시 오랜 세월을 목회하면서 교우들에게 교회 공동체성을 가르치고, 그들을 내부적으

     제1부 고난당하는 이웃의 친구, 천막카페 이야기

로 뭉치게 하는 일은 참 잘해왔다. 하지만 교회 밖으로 흩어져 삶의 현장에서 그리스도인으로 살아가도록 돕는 일에는 젬병이었다. 교회의 사회적 영성에 대한 고민과 적용에 둔감한 나 같은 목사들로 인해 상당수의 한국교회 신자들이 '교회당 안 개구리'가 되어버렸다. 그러나 세상의 아픔에 공감할 줄 모르는 교회는 결코 건강한 교회가 될 수 없다. 생각이 거기 미치자 더는 가만히 있을 수 없었다. 당장 그 자리에서 최 목사에게 이렇게 제안했다. "최 목사가 고난의 현장을 소개하면 내가 커피를 들고 동행하겠습니다. 현장에 가서 어떻게 하면 교회가 고난당하는 이웃의 친구가 될 수 있을지 고민해보겠습니다." 광화문 천막카페는 그렇게 해서 탄생하였다.

신약성서 마태복음의 산상수훈에 보면 이런 말씀이 나온다. "너희는 세상의 빛이라. 산 위에 있는 동네가 숨겨지지 못할 것이요, 사람이 등불을 켜서 말 아래에 두지 아니하고 등경 위에 두나니 이러므로 집 안 모든 사람에게 비치느니라. 이같이 너희 빛이 사람 앞에 비치게 하여 그들로 너희 착한 행실을 보고 하늘에 계신 너희 아버지께 영광을 돌리게 하라"(마 5:14-16). 우리는 예배당 안에서만 빛인가? 아니면 예배당 밖에서도 빛인가? 예배당 안에서 기도와 묵상에 집중하는 것만으로 경건이 성취된다고 생각하는가? 기독교 신앙이 마치 중세의 수도원 같은 예배당 안에서 은둔하며 도를 닦는 신앙인가? 세월호 참사가 발생하였음에도 그저 예배당 안에서 울고 기도하는 것만으로 세상의 빛이 되었다고 생각한다면 예수님의 말씀을 왜곡하는 것이다. 우리는 세월호 참사 희생자 가족들에게도 빛이 되어야 한다. 어두운 세상일수록 더욱 빛이 필요하다. 고난당하는 이들이 서 있는 자리에는 '희망'이라는 이름의 빛이 필요하고, 우는 자들의 땅에서는 함께 울어주는 '위로자'라는 이름의 빛이 필요하다. 만일 한국교회가 세상의 빛이 되었다면 지금처럼 싸잡아 욕을 먹지는 않을 것이다. 오늘날 사람들이 단순히 종교적 편견 때문에 교회를 욕한다고 생각하면 큰 착각이다. 사람들이 교회를 비난하고 욕하는 이유는 교회가 잘못하고 있기 때문이다. 교회가 권력을 가진 자들에게는 쓴소리 한 마디 못하면서, 힘없는 사람들의 아픔에 대해서는 무자비한 말로 함부로 판단하기 때문이다. 그런 면에서 한국교회는 아주 비겁하다. 한국교회는 예수님의 애끓는 마음이 흐르는 곳을 향해 시선을 맞추기보다 힘 있고 돈 많은 사람들의 눈치를 보기에 급급하다. 힘 있는 자들이 '세월호' 언급을 못마땅하게 여기면 교회는 아예 입을 닫아버린다. 자칭 하나님의 종이라고 하는 자들이 더욱 그렇다. '세월호'는 금기어가 아니다. 아니, 금기어가 되어서는 안 된다. 이 시대, 이 땅에 하나님의 정의가 바로 서려면 당연히 세월호를 언급해야 한다. 한두 번이 아니라 계속해서 말하고 또 말해야 한다. 마땅히 해야 할 말을 하지 못한 채 강한 자들 앞에서는 순한 양이 되고 약한 사람들에게는 사나운 늑대처럼 처신하는 한국교회가 욕을 먹는 것은 당연하다. 내가 만난 세월호 참사 희생자 가

족 대부분은 이구동성으로 "한국교회가 비겁하다!"고 말한다. 비
겁함을 '평화'라는 말로 포장하지 말자.

✳ 티베트 불교 지도자의 방문

2015년 5일 6일 천막카페에 앉아 있다가, 승려 복장을 한 분들이 세월호 희생자들을 조문하기 위해 국화를 들고 서 있는 것을 목격했다. 승려들은 안내를 따라 차분하게 조의를 표하고 떠났다. 티베트 불교의 승려들이었다. 티베트 불교는 닝마, 까규, 겔룩, 사캬 등 네 개의 분파가 있는데, 광화문 세월호 분향소를 방문한 승려는 사캬파 41대 종정으로서 달라이 라마 다음으로 영향력이 있는 사캬 티진이라는 분이었다. 그는 법회를 인도하기 위해 5월 5일부터 11일까지 일주일 남짓한 짧은 일정으로 한국을 방문했는데, 한국에 도착해서 여장을 푼 바로 다음 날 광화문 세월호 분향소를 찾아주었다. 빠듯한 일정이라 바쁘고 피곤하다는 핑계로 오지 않을 수도 있었다. 그가 오지 않는다 해서 뭐라고 이의를 제기할 사람도 없었다. 어쨌거나 그는 다른 나라의 종교 지도자가 아닌가. 그런데도 그는 광화문 세월호 분향소를 일부러 찾아주었다.

기념 영상과 사진을 남기기 위해 기자를 대동하고 온 것도 아니었다. 수행하는 사람이 카메라를 들고 따라다니지도 않았다. 광화문 세월호 광장을 지키는 사람들이 우연히 그 장면을 보고 스마트폰을 들었을 뿐이다. 고립된 섬과 같은 광장의 사람들은 영향력 있는 인물들이 방문하면 습관적으로 사진을 찍는다. "우리 여기 있어요. 부디 잊지 마세요!"라고 말하고 싶어서다. 세월호 광장에 있는 사람들에게 가장 큰 두려움은 국민들에게 잊히는 것이다. 생때같은 자식들이 억울하게 죽었음에도 정부와 언론으로부터 철저하게 외면당한 사람들이 믿을 것은 국민밖에 없었다.

티베트에서 온 승려가 헌화하는 뒷모습을 보자 마음속에 '고마

2015년 5월 6일 티베트 불교 지도자 사캬 티진이 광화문 세월호 분향소를 방문하여 헌화하고 있다.

　　　제1부 고난당하는 이웃의 친구, 천막카페 이야기

움'과 '속상함'이 교차하였다. 세월호 참사는 우리나라에서 벌어진 사건이다. 게다가 무려 304명이나 죽었다. 그런데도 지금껏 사고의 원인에 대해 밝혀진 것은 아무것도 없다. 세월호 참사의 사고 원인을 밝히고 희생자 가족들의 억울함을 풀어주고자 서울 한복판에는 광화문 세월호 분향소가 설치되었다. 다른 나라 종교 지도자는 바쁜 시간을 쪼개 이곳을 찾아 조문하였다. 그러나 정작 한국교회에게 이곳은 버려진 땅이 되고 말았다. 교회가 접근해서는 안 되는 일종의 금지구역이 된 것이다. 세월호 참사를 겪으면서 내가 처절하게 깨달은 것은 이 땅에서 304명이 갖는 생명의 가치가 얼마나 보잘것없는지다. 대한민국에서 한꺼번에 304명이 죽는 일은 그다지 놀랄 만한 사건이 아닌 것 같다. 한 생명의 가치가 천하보다 더 귀하다고 외치는 목사들에게 304명의 목숨은 과연 어느 정도의 무게인가? 진정으로 사람다운 사람이라면 사람을 대하는 자세도 인격적이어야 하지 않을까? 정말 십자가를 믿는 사람이라면 우는 자들과 함께 울어줄 수 있어야 하지 않을까? 그렇지만 대다수 교회가 보이는 태도는 케이블 종편 방송에서 쏟아내는 독기 어린 말과 별로 다를 바가 없다.

304명의 희생자 가운데 250명에 달하는 단원고 학생들은 "가만히 있으라"는 어른들의 말을 믿고 기다렸다가 시커먼 공포 속에서 죽어갔다. 세상에 단 하나밖에 없는 사랑하는 자녀를 잃은 부모들이 "진실을 밝혀달라!"고 광장으로 나왔다. 그 불쌍한 사람들을 보면서 어떤 사람들은 "시체팔이 장사를 한다", "이런 사람은 북한으로 보내야 한다"며 갖은 막말을 쏟아냈다. 심지어 그리스도인 가운데도 이런 막말을 쏟아내는 이들이 있다. 사람을 대하는 기본 품성과 예의를 상실한 종교는 더 이상 종교라 할 수 없다. 반면 종교에 관계없이 사람을 대하는 자세가 예의 바른 사람을 만나는 것은 언제나 기쁜 일이요, 관계에 숨통을 터준다. 사캬 티진의 방문은 두고두고 고마움으로 남을 것 같다.

하나님은 사랑이시고 그 사랑의 대상은 사람이다. 사도 요한은 하나님이 세상(사람)을 너무나도 사랑하사 독생자를 보내셨다고 전한다(요 3:16). 하나님이 사람을 끔찍이 사랑하셨기에 그리스도께서 사람의 몸을 입고 사람 곁에 오신 것이다. 우리가 누군가를 사랑한다면 그와 함께해야 한다. 더구나 우리가 복음을 믿는 하나님의 자녀라면 특별히 고난당하는 이웃과 함께하려는 마음을 가져야 한다. 구약성서는 고아와 과부와 나그네와 가난한 사람에 대한 하나님의 특별한 관심과 연민을 자주 언급한다. 그들은 악한 사람들에 의해 짓밟힐 수 있는 연약한 자들이기에 다른 사람들의 보호가 필요하다. 이런 사람들이 공평한 대우를 받으며 살아가는 사회를 '공의'(체다카)로운 사회라고 한다. 그들이 억울한 일을 당했을 때 공정한 절차에 따라 재판받는 것을 '정의'(미쉬파트)라고 한다. 이것이 무너진 공동체는 하나님이 기뻐하시는 사회가 아니다. 그렇다면 우리 사회는 하나님의 공의와 정의가 실현되고 있는가? 수많은 십자가가 도심 곳곳을 장식하고 있는 이 사회에서 과연 하나님의 통치가 얼마나 실현되고 있는가? 한국사회에는 힘이 곧 정의라 믿고, 그 힘을 떠받드는 사람들이 있다. 유감스럽게도 그들 가운데는 목회자들이 상당수 있다. 바로 그런 목회자들로 인해 하나님 나라의 복음이 변질되고 왜곡되는 것이다. 하나님 나라는 힘 있는 사람에게 벌벌 기고 그렇지 못한 사람들에게는 눈을 부라리고 윽박지르는 나라가 아니다. 오히려 하나님 나라는 고아와 과부, 나그네와 가난한 자를 불쌍히 여기고 그들이 억울한 일을 당하지 않도록 도와주는 나라다. 그리스도인들이 이 세상을 그런 곳으로 만들려고 애쓸 때 그제야 비로소 하나님의 사랑이 사회 구석구석까지 흐를 것이다.

세월호 참사가 벌어진 지 13개월째 되던 어느 날, 세간에 이름이 꽤 알려진 목회자 한 분이 광화문을 찾아왔다. 인근 식당에서 그분과 단원고 학생 희생자 부모들이 함께하는 자리가 마련되었다. 그 자리에는 유명 목회자를 만나기 위해 아픈 몸을 이끌고 멀리서 일부러 참석한 유가족과 시신 미수습자 가족이 함께했다. 그분이 기독교계에서 상당히 알려진 인물이어서인지, 유족들은 입을 모아 진실 규명과 선체 인양에 힘써달라고 간곡히 부탁했다. 유족들 입장에서는 어쨌거나 사회 지도층에 속한 목회자가 일 년이 넘게 참사를 외면하다가 이제야 찾아왔기에 분명히 서운한 마음이 있었을 것이다. 하지만 그들은 서운한 감정을 애써 감추고 마치 물에 빠진 사람이 지푸라기라도 잡는 심정으로 진실 규명을 위해 힘써달라고 간절히 부탁했다. 하지만 기대와 달리 대화는 좀처럼 접점을 찾지 못했다. 유명 목회자는 자녀를 잃은 아픔에는 공감하지만, 사건 자체는 이렇게 볼 수도 있고 저렇게 볼 수도 있다는 애매한 대답으로 일관했고, 결국 아무런 성과 없이 자리를 파할 수밖에 없었다. 나는 도대체 왜 그 목회자가 유족들과의 만남을 요청했는지 의문이 들었다. 희생자 유족들이 소위 유명한 분이 사주는 밥 한 끼가 탐이 나서 상처투성이 몸을 이끌고 그 자리에 나왔겠는가! 아니다. 그들은 모두 삶이 너무 아파서 나왔다. 아직도 차디찬 바다 밑에 갇혀 있을 자녀들의 시신이라도 건져야 한다는 절박함으로 나왔다. 나는 이대로 대화가 끝나면 이 만남이 또 하나의 상처로 남을 것 같아 걱정이 되었다. 그래서 금방이라도 "목사님, 당신의 이미지 재고를 위해 이 사람들을 이용하지 마세요!"라는 말이 튀어나올 것 같았지만 겨우 흥분을 가라앉히고 아무 말 없이 사진 한 장을 꺼내 그분께 보여드렸다.

불과 20여 일 전에 찍은 사진이었다. 사진에는 티베트에서 온 승려 사캬 티진이 헌화하는 장면이 담겨 있었다. "목사님, 이분이 광화문 세월호 분향소에 오셨습니다. 솔직히 부끄러웠습니다. 심지어 다른 나라의 종교 지도자도 세월호 참사 희생자들에게 조의를 표하기 위해 광화문을 찾았습니다. 저 같은 허접한 목사는 광장에 일 년 넘게 붙박이로 있어도 아무도 주목하지 않습니다. 목

 제1부 고난당하는 이웃의 친구, 천막카페 이야기

사님처럼 많이 알려진 분들이 기꺼이 움직이셔야 사람들이 관심을 갖지 않겠습니까? 우리나라에서 일하는 외국인 근로자 304명이 죽었어도 조의를 표하는 것이 당연하다고 생각합니다. 더욱이 세월호 참사는 우리 국민들이 당한 사고이고 그중에는 단원고 학생이 250명이나 포함되어 있습니다. 그런데도 어떻게 목사님들이 이토록 무심할 수 있단 말입니까?" 그러자 대화 내내 조용히 듣기만 하던 영석이 아빠가 퉁명스럽게 한 마디 던졌다. "종교가 다 썩었어요."

그로부터 수개월이 지난 후 영석이 아빠와 대화를 나누다 불현듯 그때의 만남이 떠올랐다. 혹여 그날 나 혼자 흥분해서 지나친 무례를 범한 것이 아닌가 싶어 그에게 물었다. 유명 목회자가 유족들을 식사 자리에 초대했던 것에 대해 무엇을 느꼈는지를 말이다. 솔직히 나는 그동안 그를 어쩌다 광장에 와서 사진 한 장 찍어 자기선전에 사용하는 부류 중 하나로 이해하고 있었다. 우리는 사람을 볼 때 모종의 전제를 가지고 본다. 목회자를 볼 때는 그가 쓴 달달한 내용의 책을 읽고 그의 화려한 설교를 들은 후에 그를 본다. 그래서 유명 목회자의 경우에는 기대하는 바가 더욱 클 수밖에 없다. 가공되고 치장된 부분이 많기 때문이다. 하지만 영석이 아빠의 답은 단순하고 명쾌했다. 기대하는 바도 없고 속상할 것도 없다는 것이다. 유명하기에, 힘이 있기에 그가 움직여야 한국교회가 변한다는 생각은 착각이다. 우리가 행동하면 된다. 현장에서 보고 느끼는 바대로 행동하면 된다. 하나님의 일은 선한 동기와 열정을 가진 행동하는 그리스도인들을 통해 전개된다. 널리 알려진 인물이 아니어도 된다. 어차피 세상은 그가 누구인지 모른다. 꽤 알려진 기독교 유명 인사들 대다수가 사실 비신자들에게는 그저 평범한 사람에 지나지 않는다. 특정한 유명 인사 몇몇만 빛이 될 수 있고 우리 같이 평범한 사람은 촛불 하나도 될 수 없다는 생각은 편견이다. 우리 같은 무명의 존재들도 진정성을 담은 선한 열정으로 고난당하는 이웃들과 꾸준히 함께한다면 충분히 빛이 될 수 있다. 우리가 인간적인 두려움과 욕망에서 자유로워진다면 하나님의 일은 우리를 통해 전개될 것이다. 하나님께서 "누가 우리를 위하여 갈꼬?"라고 말씀하셨을 때 이사야는 결단하였다. "주여, 나를 보내소서. 내가 여기 있나이다." 이제 더 이상 기독교계의 노회한 스타들에게 기대거나 기대하지 말자. 이제 우리가, 바로 당신이 행동할 때다.

✳ 찬송가밴드와 함께하는 예배

세월호 참사가 일어난 지 4개월 후인 2014년 8월, 드디어 광화문에 천막카페가 세워졌다. 광장에 천막카페를 세우고 알게 된 평범한 이치가 하나 있다. 목마른 사람은 기필코 물을 찾는다는 사실이다. 타는 듯한 햇볕과 뜨거운 지열, 자동차들이 내뱉는 열기가 합쳐지면서 한여름 광장은 불가마가 되었다. 그해 8월 1일은 폭염주의보가 발령되었던 날이다. 무시무시한 열기에 고스란히 노출된 광장의 사람들에게 핸드드립으로 정성껏 내려주는 냉커피는 마치 광야의 생수 같았다. 우리는 12온스짜리 컵에 음료를 담아 매일 1,000잔 이상을 나눠주었다. 천막카페는 자원봉사자들로 인산인해를 이루었다. 봉사자들이 어찌나 많았는지 하루 3교대로 운영할 정도였다. 페이스북에 올린 자원봉사 요청 글을 읽고 오신 분들도 있었고, 일부 기독교 언론에서 보도한 기사를 보고 오신 분들도 있었다. 하지만 이 엄청난 반응의 진짜 이유는 무엇일까?

이들이 보여준 뜨거운 반응의 이면에는 '갈급함'이 있었다. 세월호 참사 희생자들을 위해 뭐라도 하고 싶은데 좀처럼 깃발이 보이지 않았다. 그때 '광화문 천막카페'가 보인 것이다. 사방 각지에서 일부러 시간을 내 광장으로 모여든 사람들에게 천막카페는 하나의 깃발이었다.

2015년 9월 두 번째 목요일에 천막카페는 새로운 봉사를 시작하였다. 기독교 광장 문화제인 목요문화제를 시작하는 첫 마당에 찬송가밴드를 초대한 것이다. 찬송가밴드는 찬송가를 재즈풍으로 연주하는 그룹으로 국내의 대표적인 CCM 뮤지션들로 구성되어 있다. 목요문화제 첫 마당 명칭은 '찬송가밴드와 함께하는 예배'였다. 언제나 처음은 서툴고 부족하다. 당시 현장 상황은 최악이었다. 기본 전력이 부족한 상태라 음향장비와 조명을 제대로 사용하는 것조차 어려웠다. 연주 중간에 조명이 깜박이고 음향장비가 제대로 작동하지 않아 일부 악기 소리는 아예 들리지도 않았다. 그럼에도 연주자들은 환한 미소를 잃지 않고 끝까지 자리를 지킴으로써 진정한 프로의 면모를 보였다. 그들은 최고의 연주자들이 최악의 조건에서 어떻게 연주해야 하는지를 잘 보여주었다. 찬송가밴드의 리더인 오종대 씨는 다음 날 세종문화회관에서 세계 최정상급 성악가인 조수미 씨와의 협연이 예정되어 있었다. 대개 그런 수준의 연주 계획이 잡히면 방해가 될 만한 다른 일정을 취소하거나 조정하는 것이 상례인데, 그는 흔쾌히 광화문 광장에 나와주었

    제1부 고난당하는 이웃의 친구, 천막카페 이야기

2015년 9월 10일 목요문화제 첫 무대를 찬송가밴드가 채워주었다.

다. 최악의 조건을 피할 수 없었던 연주에서 기꺼이 재능기부를 허락해주면서 말이다. 그는 "세종문화회관보다 여기가 더 최고의 무대라고 생각한다"고 말했다. 하나님 앞에서 그리스도인의 최고의 무대는 어디인가? 세상에서 최고의 무대는 사람들에게 주목을 받고 높임을 받는 자리이지만 하나님 앞에서 최고의 무대는 그 반대다. 역사상 최고의 무대는 갈보리 언덕에 세워진 십자가 위다. 그곳은 인류 구원을 위해 하나님의 어린 양으로 이 땅에 오신 예수님이 대속의 제물이 되셨던 곳이다. 사람들은 높은 곳을 주목하지만, 하나님께서는 낮은 곳을 살피신다. 사람들은 영광과 찬사를 독점하는 자리를 부러움의 눈으로 바라보지만, 하나님께서는 고난당하는 이웃의 아픔에 공감하고 그들과 함께하는 자들을 찾으신다. 그리스도께서 십자가에서 보여주신 낮은 자세로 하나님의 성품을 실천하고 있다면 그가 서 있는 자리가 바로 최고의 무대다.

그날 사회를 맡은 너머서교회 이헌주 목사는 리더 오종대 씨에게 이렇게 물었다. "찬송가밴드가 어떻게 거친 광장까지 나오게 되었나요?" 이어진 그의 대답에서 나는 적잖은 위로를 받았다. "2014년 4월 16일 세월호 참사가 벌어진 후에 너무나 큰 충격을 받았습니다. 소위 '멘붕'이 찾아온 것입니다. 아무것도 할 수가 없었습니다. 불가피하게 모든 일정을 취소해야 했습니다. 무엇을 어떻게 해야 할지 알지 못할 때 교회2.0 천막카페가 움직이는 모습을 보았습니다. 그래서 힘을 보태기로 한 것입니다." 찬송가밴드는 2015년 한 해 동안 교회2.0목회자운동 실행위원 교회들을 순회하며 무료로 찬양집회를 섬겼다. 또한 천막카페가 주관하는 목요문화제 첫 마당에도 기꺼이 함께했다.

고난당하는 이웃과 함께하는 방법은 다양하다. 우선 고난의 현장에 직접 찾아가서 마음을 전하는 방법이 있다. 우리 사회에 고난당하는 이웃과 현장이 얼마나 많은가? 또한 천막카페처럼 고난당하는 이웃 곁에 머무는 방법도 있다. 이때 고난의 현장에 함께 머물기 위해서는 그 방식을 지혜롭게 선택해야 한다. 여기서 가장 중요한 것은 내가 원하는 방식이 아니라 현장이 원하는 방식이어야 한다는 점이다. 일례로 천막카페는 광화문 세월호 광장에서 물

 제1부 고난당하는 이웃의 친구, 천막카페 이야기

을 공급하고 있다. 광장의 모든 물은 천막카페가 무료로 제공한다. 416연대 상황실, 진상 규명 요구 서명자를 모집하는 진실마중대, 광화문 노란리본공작소 사람들 모두 천막카페가 제공하는 물을 마시며 그 자리를 지키고 있다. 또한 장기 봉사자들 외에도 광장을 찾는 모든 사람에게 물을 공급한다. 심지어 지나는 행인이나 외국인 관광객들도 우리가 제공하는 물을 마신다. 물 외에 커피와 탄산음료도 제공하고 있다. 고난당하는 이들 곁에 머무는 방식은 일상의 필요를 채우는 방식이어야 한다. 천막카페는 겉으로 드러나는 것 이상의 중요한 역할을 묵묵히 감당하고 있다. 그리고 찬송가밴드처럼 자신의 재능으로 고난당하는 이들을 위로하고 돕는 방법이 있다. 성경은 "사랑과 선행을 격려하라"고 말한다(히 10:24).

찬송가밴드의 공연은 천막카페에서 함께 봉사하는 사람들에게 큰 용기를 북돋아주었다. 또한 잘 꾸며진 무대에나 어울릴 듯한 뮤지션들이 거칠고 삭막한 광장에서 최선을 다해 연주하는 모습은, 광장을 꺼리는 다른 뮤지션들에게도 적잖은 자극이 되었을 것이다. 한 사람의 선한 행동은 다른 사람들의 내면에 잠재된 또 다른 선을 자극한다. 천막카페를 통한 교회2.0목회자운동의 행동이 찬송가밴드를 자극하였다. 찬송가밴드의 움직임이 그 후 어떤 사람들을 자극했을지 궁금해진다. 갑자기 영화 "암살"에서 안옥윤(전지현 분)이 했던 말이 떠오른다.

"알려줘야지. 우리가 끝까지 싸우고 있다고."

🎇 아이들의 책가방 행사

2015년 10월, SNS에 올라온 사진 한 장이 많은 사람의 마음을 흔들었다. 사진 속에는 독일 베를린의 브란덴부르크 문이 있는 파리저 광장을 배경으로 304켤레의 신발이 가지런히 놓여 있었다. '세월호를 기억하는 베를린 행동'의 활동가 야지마 츠카사(Tsukasa Yajima) 씨가 촬영한 사진이었다. 독일에 거주하는 동포들이 주축이 되어 결성한 '세월호를 기억하는 베를린 행동'은 2014년 10월 18일에 세월호 희생자 304명의 넋을 기리는 신발 퍼포먼스를 했다. 그들은 매월 셋째 주 토요일마다 모임을 가지면서 세월호 희생자들을 추모하고 진상규명을 외쳤다. 퍼포먼스를 선보인 지 일 년 후 누군가 이 사진을 공유하면서 세간의 관심을 받기 시작한 것이다. 사진은 삽시간에 수많은 사람에게 퍼져나갔다. 사진 한 장의 힘은 대단했다.

일 년이 지났는데도 사진은 상당한 파장을 일으켰다. 사진이

SNS에 등장한 며칠 뒤인 11월 2일에 내 개인 페이스북 계정 메시지로 웹포스터와 문자가 도착했다. "목사님, 안녕하세요. 우리도 독일에서 열렸던 신발퍼포먼스를 카피해보면 어떨까요? 수능 날에 시민들이 자발적으로 학생들의 책가방을 놓아두는 퍼포먼스를 했으면 합니다. 광화문에서 목사님이 맡아서 진행해주실 수 있는지요? 마침 목요일은 천막카페 행사가 있는 날이기도 하고요. 다른 지역에서도 동시 다발적으로 진행하려고 구상 중인데 쉽지가 않습니다." 풀뿌리시민네트워크 대표의 메시지였다. 마침 수능이 코앞에 다가온 데다 250명 희생 학생들의 부모를 위로하는 행사를 열어야 한다고 생각하고 있던 참이어서 기꺼이 그 제안을 수락했다. 하지만 천막카페의 일이 워낙 많아 혼자 힘만으로는 감당하기 어려울 것 같아 416연대 광화문위원회에 이 제안을 보고하였다. 감사하게도 모두 이 제안을 좋게 여겨 힘껏 준비하기로 했다.

수능일(11/12)까지는 시간이 얼마 남지 않았기에 가방퍼포먼스 준비에 더욱 박차를 가해야 했다. 먼저 행사의 성격과 참여 방법을 알리는 웹포스터를 제작한 다음 페이스북에 공지하였다. 가방퍼포먼스는 416연대 광화문위원회에서 준비하고 천막카페는 마지막 엔딩 공연을 맡기로 했기에 여느 목요일 행사보다는 부담이 덜했다. 하지만 행사 준비보다 더 어려운 것은 참여자들을 동원하는 것이었다. 천막카페 방문자들과 SNS를 통해 열심히 알리는 수밖에 없었다. 풀뿌리시민네트워크와 광화문위원회가 공동으로 진

　제1부 고난당하는 이웃의 친구, 천막카페 이야기

행하는 일이기에 한동안 나는 별생각 없이 천막카페가 맡은 일에만 신경을 썼다. 수능을 이틀 앞둔 화요일이었다. 그날은 천막카페 사역을 지원하는 희망찬교회 직능별 목장 '광야생수'팀이 광장에서 공식적인 첫 모임을 갖는 날이라 나도 광장에 나갔다. 가벼운 마음으로 천막카페 안팎을 살피면서 혹시 필요한 것이 없는지 살피고 있는데 갑자기 행사를 준비하는 주최 측 관계자로부터 그날 진행을 맡아달라는 부탁을 받았다. 4시간 분량의 행사이니 당연히 준비된 순서가 있을 것이라 생각하여 "준비된 순서들이 있나요?"라고 물었더니 아무것도 없다는 대답이 돌아왔다. 저쪽에서는 그냥 대충 하면 된다고 아무렇지 않게 대꾸했다. 당황스러웠지만 광장의 속사정을 어느 정도 파악하고 있던 터라 일단 잘 알겠다고 대답했다. 아마도 내부에서 고민을 거듭하다가 힘이 부족하여 공을 내게로 넘긴 것 같았다. 활동가들이 평소 현장에서 과중한 업무에 치이고 시달리는 모습을 늘 지켜봐왔기에 딱 잘라 거절하기가 어려웠다. 바보 같이 알겠다고 덜컥 대답은 했지만 사실 난감하기 짝이 없었다. 거의 4시간에 육박하는 행사를 제대로 준비된 순서도 없이 그냥 진행한다는 것이 말이 되는가? 수능일 당일 현장에서 알게 된 것이지만 하필 그날따라 방송사 카메라들은 왜 그리도 많이 나왔는지! 우선 급한 대로 도움을 줄 만한 분들에게 연락을 했으나 다들 이미 선약이 잡혀 어렵다는 반응 일색이었다. 행사를 고작 이틀 앞두고 무작정 도움을 청했으니 당연한 결과였다. 교회 사역은 체계적으로 기획하고 차근차근 준비하면 어렵지 않게 할 수 있지만 광장 사역은 예상치 못한 일들이 곧잘 벌어진다. 이런 상황에는 무엇보다 유연한 반응과 대처가 필요하다. 이런 일에 언짢아하거나 화를 내서는 안 된다. 계획이 틀어졌다고 화부터 내는 사람은 함께 일하기 어렵다. 답답하고 속상해도 평정심을 지키며 웃으면서 봉사해야 한다. 고난당하는 이웃을 위해 봉사하겠다는 마음으로 들어간 이상 언제나 우선은 현장 상황이다. 부족하면 부족한 대로 봉사하면 된다. 대충하자는 말이 아니다. 현장 상황이 우선이라는 말이다.

다행히 천막카페에는 민첩하게 움직이는 봉사자들이 있었다. 또한 목요문화제 기획팀에는 성품 좋고 유능한 동지들도 많았다. 그들에게는 미안했지만 급하게 협조를 구하는 것 외에 달리 방법이 없었다. 목민연구소 고성휘 선생은 천막카페 식사 봉사 때부터 내내 우리와 함께했다. 또한 2015년 9월부터는 목요문화제를 같이 섬기고 있다. 그녀는 목요문화제 광장신학을 기획하고 강사 섭외와 음악을 세팅하는 일을 한다. 현장의 필요에 따라 종종 직접 노래도 하고 반주도 한다. 그녀가 일감의 경중을 따지지 않고 항상 낮은 자세로 봉사하는 것은 부친이신 고(故) 고영근 목사의 정신이 그 안에 흐르기 때문이 아닐까 싶다. 고 목사님은 엄혹했던 유신독재 시절에 목요기도회를 인도하며 민중의 편에서 독재권력에 항거했고, 그 때문에 수십 차례 옥고를 치르면서도 한결같이 민중의 애

     제1부 고난당하는 이웃의 친구, 천막카페 이야기

환을 살피셨다. 고성휘 선생 역시 광화문 광장에서 자신을 아끼지 않고 봉사하고 있다. 자녀들이 기꺼이 아버지의 길을 따르는 모습은 지켜보는 많은 이들의 마음을 뜨겁게 한다. 고 목사님이 살아생전 많은 옥고를 치르며 고통받다 돌아가셨지만 그 자녀를 보면 참 행복한 아버지라는 생각이 든다. 가장 가까이 있는 자녀에게 존경받는 아버지가 진정으로 성공한 아버지가 아닌가. 산과 사람은 가급적 멀리서 볼수록 좋다고 한다. 가까이 가서 보면 실망하기 일쑤인 탓이다. 반대로 가까이서 보면 볼수록 좋은 사람이 진짜다. 만일 어떤 사람에게 오랜 세월 그를 믿고 따르는 사람들이 있다면 그는 진실하고 믿을 만한 사람이다. 고영근 목사가 그런 분이셨다.

마침내 목요일 수능일 아침이 돌아왔다. 우리 집도 둘째가 시험을 본다. 아빠가 하루 종일 교회에서 기도로 힘을 보태주면 좋겠지만 그럴 수 있는 형편이 아니었다. 아들을 수능 고사장까지 데려다준 다음 운전대를 광화문으로 돌렸다. '아이들의 책가방' 행사가 열리는 날이기도 했기 때문이다. 전체 행사는 오후 4시 16분에 시작하여 오후 8시까지 진행되고, 250개의 책가방을 광장에 채우는 시민 참여 행사도 기획되어 있었다. 천막카페 안에서 이 궁리 저 궁리를 하다가 시간이 되어 나가보니 어떻게 알았는지 방송사 카메라들이 잔뜩 와 있었다. 게다가 방송사 간에 카메라 위치를 좋은 곳에 선점하기 위한 경쟁도 벌어지고 있었다. 아무것도 준비된 순서가 없는데 오늘따라 손님들은 왜 이리 많은 건지, 반가운 마음보다 부담스러운 마음이 더 컸다. 한편으로는 행사를 겨우 이틀 남겨두고 내게 떠넘긴 관계자가 원망스럽기도 했지만, 다른 한편으로는 그럴수록 내가 잘 감당해야겠는 생각이 들었다.

나는 두 아이의 아빠다. 둘째인 아들 요셉이가 제주도로 수학여행을 가던 날에 416참사가 벌어졌다. 더구나 오늘 내 아들 녀석은 제 발로 걸어서 수능 고사장에 들어갔다. 내 아이는 살았는데 다른 집 아이들 250명은 죽었다. 만약 국가가 구조 책임을 다했다면 죽은 250명의 단원고 희생자 아이들도 당당히 수능시험에 응시했을 것이다. 그들은 국가의 무능과 무책임 때문에 시험 치를 권리를 박탈당했다. 이제 곧 수능시험을 마치고 학생들이 거리로 쏟아져 나올 텐데 먼저 자녀를 떠나보낸 희생 학생들의 부모의 심정이 어떨까 생각하니 마음이 너무 아팠다. 거리와 버스와 전철에서 만나는 학생들을 볼 때 자녀 잃은 부모의 가슴이 어떻겠는가? 얼마나 아프고 억울할까! 그래, 그들을 위로하자! 우리가 당신의 아들을 기억하고 있다는 것을 알려주자! 당신의 딸이 살아 있었다면 다른 아이들처럼 당당히 수능 시험을 치렀으리라는 것을 우리가 알고 있다고 말해주자! 국가의 과실과 직무유기로 자녀를 잃은, 그래서 오늘 수능고사에 응시할 자격을 박탈당한 당신들의 억울함을 우리가 안다고 말해주자! 그날 나는 이런 마음으로 마이크를 잡았다.

'아이들의 책가방' 행사는 주최 측에서 일절 가방을 채우지 않

   제1부 고난당하는 이웃의 친구, 천막카페 이야기

2015년 11월 12일 '아이들의 책가방' 행사에서 단원고 고(故) 이재욱 군의 어머니 홍영미 씨가 발언하고 있다.

고, 오로지 시민들의 참여로만 250개의 가방을 채우기로 했다. SNS를 통해 행사를 홍보하였고 행사 당일 팩트TV는 현장을 생중계하였다. 저녁 7시, 퇴근 시간이 지나면서 시민들의 발걸음이 몰려들기 시작했다. 시민들의 자발적인 참여로 가방들이 채워지고 있었다. 7시 40분이 되자 무려 220개의 가방이 채워졌다. 아직 서른 개가 더 필요했지만 8시에 행사를 마치겠다는 약속을 지키기로 했다. 행사가 끝날 무렵 시민들에게 다음과 같은 제안을 했다. "비록 가방은 다 채워지지 않았지만 여러분들의 자발적 참여로 220개의 가방을 채웠습니다. 남아 있는 서른 개의 빈자리에 가방을 채우는 대신 진실의 그날까지 함께하겠다는 우리의 마음을 채웠으면 좋겠습니다. 여러분 가운데 서른 명이 빈자리를 채워주십시오. 진실의 그날까지 희생당한 아이들 곁에 있겠다는 마음으로 채워주십시오." 말이 끝나기 무섭게 행사에 참석한 시민들이 앞다투어 자리를 채워주셨다. 8시, 행사를 마치면서 마지막까지 함께해주신 시민들과 큰 소리로 이렇게 외쳤다. "함께하면 희망이 자랍니다. 진실의 그날까지 끝까지 함께하겠습니다!"

'아이들의 책가방' 행사에 참석한 창현이 아빠(이남석)는 "(살아 있었다면) 우리 창현이도 수능을 마치고 거리에 나가 마음껏 놀았을 텐데 많이 아쉽다"고 말했다. 다행히 '아이들의 책가방' 행사가 조금은 위안이 되셨던 것 같다. 그날 250명 아이들의 부모님이 모두 참석한 것은 아니다. 또 이런 행사를 한다고 해서 죽은 아이가 살아 돌아오는 것도 아니다. 하지만 "우리가 억울하게 죽은 당신들의 자녀를 기억하고 있다"는 것을 전하고 싶었다. 우리는 결코 세월호 참사를 잊을 수 없다. 천하보다 귀한 수백의 생명이 영문도 모른 채 차가운 바닷속에 수장되었다. 어떻게 그 원인을 밝히지 않을 수 있겠는가.

성호 엄마(정혜숙)는 "성호가 살아서 시험에 응시했다면 시험에 연연해하지 말라고 말해줬을 것"이라고 했다. 너무나 소중한 이 땅의 아이들이 청춘을 시험에 저당 잡힌 채 살아가고 있다. 이준익 감독이 연출한 영화 "사도"의 작가 조철현 씨는 세월호 참사 이

    제1부 고난당하는 이웃의 친구, 천막카페 이야기

후 우리 사회가 죽음을 애도하는 방식이 너무 불순하다고 말한다. 그는 세월호와 뒤주를 한 맥락으로 연결했다. 영화 속 뒤주와 관련된 대사가 의미심장하다. 사도 세자의 정실 혜경궁 홍씨가 말년에 기록한 『한중록』에는 이렇게 기록되어 있다. "하늘과 땅이 맞붙는 듯하고 해와 달이 캄캄한 듯하니, 내가 어찌 잠시나마 세상에 머물 마음이 있었겠는가." 영화에서 사도 세자는 문정전 뜰에 놓인 뒤주에 들어가면서 한 맺힌 절규를 쏟아낸다. "하늘과 땅 사이가 온통 뒤주 속 같더이다!" 세월호는 현대판 뒤주다. 아니, 우리 사회에 뒤주가 어디 세월호뿐이겠는가? 해맑은 아이들을 시험에 목매게 만드는 사회가 뒤주가 아니면 뭐란 말인가? 자신만의 고유한 세계를 한껏 펼쳐보지 못한 채 시험이라는 뒤주에 갇혀 어린 꿈들이 무참하게 짓밟히고 있다. 우리 사회는 하나님께서 제각기 개성 있게 만든 작품들을 상품으로 취급하는 데 익숙하다. 상품은 가격과 만족이라는 한 가지 기준으로 대상을 평가한다. 시험 성적이라는 단일 잣대로 사람을 평가하는 우리의 교육 현실은 잔혹하다. 성호 엄마의 말처럼, 우리 자녀들이 시험에 연연하지 않도록 도와주자. "우리는 하나님이 만드신 바라"(엡 2:10). 아이들은 각자만의 개성을 지닌 하나님의 소중한 작품이다. 작품은 한 가지 기준으로 평가하거나 쉽게 판단해서는 안 된다. 작품은 하루아침에 완성되는 것이 아니기 때문이다. 우리 아이들을 마음껏 사랑하고 축복하자. 오래 참고 기다리자.

천막카페 봉사는 말처럼 쉽지 않다. 커피 봉사 자체보다 주변 환경에서 오는 피로감이 더 큰 탓이다. 당장 광장 주변을 가득 메운 자동차 소음으로 인해 쉽게 피로해진다. 천막카페 바로 옆으로는 24시간 내내 많은 차들이 질주한다. 덩치가 큰 차량이 아주 빠르게 달릴 때는 천막 전체가 심하게 흔들리곤 한다. 때로는 소음이 너무 커서 옆 사람과 대화가 어려울 때도 있다. 또 여름에는 몹시 덥고, 반대로 겨울에는 매우 춥다. 천막 안이 얼마나 덥고 추운지는 직접 경험해봐야 안다. 그럼에도 나는 언제나 광화문 상황이 궁금하다. 집에 있을 때조차도 말이다.

5월 5일 어린이날을 맞아 우리 집 둘째는 늘 그렇듯이 혼자 나갔고 남은 가족들만 바람을 쐬려고 함께 외출했다. 점심으로 보리밥을 먹다가 나는 그만 궁금증을 참지 못하고 페이스북을 열었다. 공휴일이라 많은 시민이 광장을 찾을 텐데 천막카페 운영은 잘하고 있는지, 혹 문제는 없는지 염려스럽기도 하고 궁금하기도 했다. 가족들은 이런 내 모습이 익숙하면서도 내심 못마땅한 표정이다. 그럼에도 나는 가족들을 다시 집에 데려다주고 기어이 광화문으로 갔다. 그리고 천막카페에 도착하자마자 숨 돌릴 겨를도 없이 불과 몇 시간 전에 일어났던 일을 전해 들었다.

신촌에 있는 모교회 교인이라고 밝힌 여성이 전단지를 들고 찾아와 광장에서 한바탕 난동을 부렸단다. 그녀는 고통 가운데 있는 영혼들이 불쌍해서 전도하러 왔다며 자신이 출석하는 교회에서 치유집회를 하는데 세월호 참사 희생자 가족들이 꼭 집회에 참석해야 한다고 생떼를 썼다. 진실마중대에서 자원봉사자로 수고하는 조미선 집사는 그녀에게 "나도 교회 다니는 사람인데 여기서 이러면 오히려 복음의 문을 가리는 것"이라고 설명하면서 조용히 돌아갈 것을 권했다. 하지만 소용이 없었다. 그 여성은 분향소를 가리키며 "'우상숭배'하면 안 됩니다. 벌 받아요! 하나님 앞에서 죄짓는 것입니다"라고 고함을 쳤다. 광장의 장기 봉사자들이 나서서 말렸지만 막무가내였다. 그 일로 그곳을 지키던 희생 학생 아빠 두 명의 마음이 몹시 상했다. 5월 5일은 가족들과 오붓한 시간을 보내는 행복한 날이다. 하지만 광장에 상주하는 두 아빠에게는 무척 고통스러운 날이다. 누가 딱히 괴롭히지 않아도 그냥 슬프고 괴로운 날이다. 실향민이 명절이 되면 더욱 고향이 그리워지듯이, 어린이날은 내 자녀가 곁에 없다는 것이 뼈아프게 사무치는 날이

    제1부 고난당하는 이웃의 친구, 천막카페 이야기

다. 어린이날 광장을 찾는 대다수가 어린이들과 학생들이다. 그 장면을 지켜보는 아빠들은 자기 자식이 얼마나 보고 싶겠는가. 하지만 자식이 보고 싶어도 더 이상 곁에 없다. 안아보고 싶지만 체온을 느낄 수 없다. 다른 집 아이들은 멀쩡하게 뛰어다니는데 내 아이는 어디에도 없다. 그녀의 무분별한 행동은 이런 아빠들에게 큰 상처를 주었다.

천막카페에서 봉사하는 서동진 전도사가 내게 말없이 전단지 한 장을 건네주었다. 그 여성이 남기고 간 전단지에는 그분이 다닌다는 교회 이름이 적혀 있었다. 교회 홈페이지에 들어가 담임목회자의 이메일 주소를 확인하고 나는 다음과 같은 이메일을 보냈다.

저는 기독교한국침례회 소속 희망찬교회 담임목사 양민철입니다. 어쩌다 보니 광화문 세월호 광장에서 세월호 참사 희생자 가족들을 위로하기 위해 설립된 천막카페를 섬기고 있습니다. 저는 우는 자들과 함께 울라는 성서의 말씀에 근거해서 조촐하게나마 위로하는 일을 하고 있습니다. 굳이 목사님께 메일을 보내는 것은, 제 사역을 소개하려는 것이 아니라 지난 5월 5일에 있었던 황당한 일 때문입니다. 귀 교회에 출석하는 한 자매님이 광화문 광장을 방문해 난동을 부리고 갔습니다. 귀 교회에서 주최하는 치유집회가 있는데 참석하라는 말씀이었습니다. 당연히 좋은 권면이지요. 하지만 그녀는 단순히 권면만 하지 않고 유가족들에게 치유가 필요한데 왜 참석하지 않느냐며 이들을 매우 귀찮게

했습니다. 그러다 유가족들이 귀찮아하니까, 광화문 분향소를 보면서 "이건 죄짓는 거다, 죽은 자들은 죽은 자들로 장사하게 하라 했다"고 소리를 질렀다고 합니다.

이 때문에 광장에서 봉사하는 분들 모두 큰 상처를 받았습니다. 진실마중대 서명지기 대장으로 섬기는 분은 여의도순복음교회를 출석하는 집사님입니다. 그분이 귀 교회 자매님을 천막카페로 데려와서 "여기서 이러시면 안 됩니다, 오히려 전도문을 막습니다. 천막카에 섬기는 분들도 전부 목사와 신학생과 집사들인데 그저 묵묵히 섬기고 있습니다. 저희들이 최선을 다하고 있으니 꼭 그런 식으로 전도하지 않아도 됩니다"라고 했다고 합니다. 그런데 귀 교회의 성도께서는 막무가내로 자신의 주장만 되풀이했다고 합니다. 큰 교회를 담임하시면 교인이 많다 보니 별사람이 다 있겠지만 그래도 정중하게 부탁드립니다. 다시는 이런 일이 없도록 해주십시오. 추후에 다시 이런 일이 있으면 교회 실명을 공개하면서까지 항의하겠습니다. 당일은 어린이날이었습니다. 이 일로 자녀 잃은 유가족 아빠들이 매우 침울해하셨고, 많이 상심하셨습니다. 다시는 이런 일이 없도록 도와주십시오. 안녕히 계십시오.

얼마 후에 그 목사님에게서 답신이 왔다. 목사님은 사건에 대해 정중하게 사과하면서 그녀의 상황을 자세히 설명해주셨다.

 제1부 고난당하는 이웃의 친구, 천막카페 이야기

양민철 목사님, 회신이 너무 늦었습니다. 세월호 가족들을 돕느라 수고가 많으신데 제가 아무 도움이 되지 못하여 죄송합니다. 지난번 우리 교회 교우 한 분이 무례한 행동을 저질렀다는 메일을 받고 너무 죄송해서 할 말을 잃었습니다. 그 후 그 자매를 만나 대화를 나눴습니다. 그 자매는 몇 년 전에 가족을 잃고 지금은 혼자 살고 있습니다. 그 자매의 남편이 아이를 데리고 동반 자살을 했습니다. 그 이후 정신적으로 혼란을 겪는 상태이고 특히 죽은 자들에 대한 사례만 나오면 몇 년 전에 있었던 그 충격이 되살아나 큰 어려움을 겪는 중입니다. 그래서 저희 교회에서도 그 자매를 위해서 신경을 많이 쓰고 있습니다. 다시 한 번 죄송한 마음을 전합니다. 함께 봉사하는 분들에게도 제 뜻을 전해주십시오. 하시는 사역에 더 큰 주님의 은혜가 있기를 기원합니다.

담임목회자의 정중한 사과와 자세한 설명을 들으니 흥분된 마음이 가라앉았다. 나 역시 같은 목회자이면서 상처 입은 여성의 겉모습만 보고 판단했던 것이 미안했다.

광장은 열린 공간이다. 누구나 찾아와 얼마든지 자기주장을 할 수 있는 곳이다. 그러다 보니 가끔 무례한 사람을 만나기도 한다. 더 심한 경우에는 겉으로는 점잖게 말을 건네면서 은근히 화를 돋우는 사람도 있다. 세월호 참사 희생자들에게 관심 있는 척하면서 실제로는 현 정부를 두둔하며 세월호 참사 희생자 가족들이 너무하는 것 아니냐고 되묻기도 한다. 어떤 사람은 군사독재 시절이

2015년 가을 어버이연대가 광화문 세월호 광장에 난입하여 폭력을 행사하였다. 이날 416연대 상황실장은 큰 봉변을 당했다.

좋았다고 반추하며 지금은 나라가 빨갱이 천지라고 혀를 차며 훈계한다. 이런 분들이 대개는 연세가 지긋한 분들이라서 곤란할 때가 한두 번이 아니다. 나는 광장에서 매일같이 무례한 사람들을 만나면서 그 원인에 대해 생각해봤다. 어떤 무례는 '무지'에서 나온다. 언론의 왜곡 보도를 통해 세월호 참사를 접한 사람들은 천막카페에 찾아와 실컷 훈계를 늘어놓는다. 기껏 커피를 내려 대접했더니 '종북'이라고 고성을 지르기도 한다. 처음에는 화가 났지만 지금은 익숙하다. 어떤 무례는 '악함'에서 나온다. 그들은 무슨 '연대'와 무슨 '부대'라는 명칭을 사용하며 집단적으로 행동한다. 잊을 만하면 한 번씩 찾아와서 광화문 세월호 광장을 난장판으로 만

    제1부 고난당하는 이웃의 친구, 천막카페 이야기

들어놓고 간다. 한번은 416연대 광화문 상황실장이 봉변을 당한 적도 있다. 세월호 참사 희생자 가족 배후에 불순한 세력이 있다는 식의 망발을 하는 사람들도 있다. 진짜 불순한 세력이 어느 쪽 사람들의 배후에 있는지는 조사해볼 일이다.

또 다른 무례의 원인은 '상처'다. 어린이날에 찾아와 광장을 떠들썩하게 만든 여성은 가족을 잃은 상처가 있었다. 그분은 그 상처로 인해 본의 아니게 무례를 저질렀다. 그녀의 입장에서는 나름 사랑을 실천하고자 하는 일념으로 일부러 광장을 찾은 것이었다. 자신과 같은 상실과 이별의 아픔을 겪고 있는 사람들에게 구원의 손길을 내밀고 싶었던 것이리라. 나는 그날 일을 계기로 광장에서는 더욱 너그러운 마음으로 봉사해야겠다는 다짐을 했다. 겉은 멀쩡하지만 속이 병든 사람이 있기 때문이다. 누군가를 사랑하는 마음이 지나쳐 본의 아니게 무례를 범하는 사람이 있을 수도 있다. 그날 이후 이런 상처 입은 가해자가 있다는 것을 아는 것만으로도 조금은 여유를 가질 수 있게 되었다.

안식월과 천막카페

목회자의 삶은 마라톤과 비슷하다. 오랜 시간을 혼자 달리는 마라톤 선수처럼 목회자 역시 오랜 세월을 일반인들은 짐작하기 어려운 사명을 품고 달려야 한다. 또한 목회를 하다 보면 한 번씩 크게 지칠 때가 있다. 아무리 오랜 세월 목회를 했더라도 낙심과 좌절이 찾아오는 것은 초짜 목사와 별반 다르지 않다. 10년을 하든 20년을 하든 목회는 똑같이 힘들다. 내가 늘 엷은 미소를 달고 사니까 혹자는 나를 아무런 어려움 없이 잘 사는 사람으로 오해하는 경우가 왕왕 있다. 천만의 말씀이다. 나도 기운이 쭉 빠지고 맥이 다 풀려서 주저앉고 싶을 때가 한두 번이 아니다. 다만 노골적으로 티를 내지 않을 뿐이다. 대개는 몸이 편하면 마음이 어렵고, 반대로 마음이 편하면 몸이 힘들다. 그래서 어느 정도는 견딜 수 있는지도 모른다. 그런데 이따금 몸과 마음이 함께 힘들 때가 있다. 최악의 경우는 그 기간이 길어질 때다. 내게는 2014년 여름이 그

했다. 짧은 기간에 그것도 한꺼번에 여러 문제가 터지면서 내 몸은 이미 급속히 지쳐가고 있었다. 당시 나를 가장 힘들게 했던 것은 풀리지 않는 숙제 같은 관계의 문제였다. 공동체 안에서 불만을 제기하는 사람은 늘상 '상처'라는 그늘에 숨지만 실제로는 진짜 이유가 '불만'인 경우가 많다. 상처는 치유가 가능하다. 종종 시간이 그것을 해결해주는 경우도 있다. 하지만 불만은 다른 사람이 해결해주기 어렵다. 스스로 왜곡시킨 현실은 어느 누구도 해답을 줄 수 없다. 그래서 터무니없는 불만을 품은 교인과 실랑이를 벌이는 것은 정말 고통스럽다. 그들은 언제나 자신의 진짜 문제를 뒤에 감추고 목회자의 책임을 묻는다. 양이 쓰러지는 것은 무조건 목사 책임이기 때문이다. 현실이 그렇다. 여기에 몇몇 사람들이 동조하면 목사는 죄인이 된다. 문제를 풀려면 냉정하게 자기 현실을 직시해야 하는데, 상처로 포장된 불만을 가진 사람은 절대로 자기를 드러내지 않는다. 진짜 원하는 것은 감추고 주변을 흔들 뿐이다. 이런 사람이 둘만 있으면 굳이 세상이 얼마나 비열한지를 배울 필요가 없다. 그들은 언제나 내게 '주님의 마음이 부족한 목사'라는 꼬리표를 달아준다. 매일 바뀌는 도깨비 같은 말들은 공동체를 혼란에 빠뜨렸다. 덕분에 나는 2014년 여름 내내 죄인으로 살아야 했다.

나는 하루가 다르게 더욱 지쳐 갔고 자연히 신경이 곤두섰다. 감정을 스스로 조절하는 것이 어려워 대화 중에 버럭 화를 내는

  제1부 고난당하는 이웃의 친구, 천막카페 이야기

일도 잦아졌다. 이런 내 상태를 위험하다고 판단한 몇 사람이 '안식월'을 제안했고, 결국 그해 여름 교회로부터 난생처음 '안식월'을 받았다. 무거운 생계의 짐을 지고 하루하루 힘겹게 살아가는 교인들을 생각하면 안식월을 거절해야 마땅했다. 하지만 이대로 가면 더 이상 정상적인 목회가 불가능할 수도 있다는 두려움 때문에 안식월 제의를 받아들일 수밖에 없었다. 기왕이면 한 달간 만이라도 제대로 된 쉼을 누리고 싶었다. 일주일 동안은 온종일 잠만 자고 싶었다. 그 후에는 혼자 카메라를 챙겨 평소 눈여겨봐뒀던 골목길을 걸으며 정겨운 풍경을 카메라에 담고 싶었다. 밀린 책도 읽고 영화도 마음껏 보면서 건강한 정서를 회복하고 싶었다.

그런데 느닷없이 최헌국 목사에게 연락이 왔다. 유민이 아빠가 단식을 시작한 광화문 광장에서 커피 봉사를 해달라는 요청이었다. 세월호 참사 국민대책위는, 이 사건이 사람들에게 혹 잊히지는 않을까를 가장 우려했다. 사고가 일어난 지 수개월이 지났지만 참사의 진실 규명은커녕 언론과 일반 국민들의 관심마저 점차 줄어만 갔다. 그래서 세월호 참사에 대한 관심을 다시 불러일으키고 시민들의 참여를 유도하고자 8월 1일부터 9일까지 '광화문 국민휴가' 기간을 선포한 것이다. 최 목사는 이 기간에 온 힘을 모아 참사의 진상규명을 위해 힘쓰기로 했으니 내게 커피 봉사를 해달라고 했다. 거의 탈진 상태에 빠진 내가 단독목회 22년 만에 처음으로 얻은 안식월이었다. 하필 이때 광화문 세월호 광장에서 천막카페를 열어달라니, 어찌하면 좋을지 참으로 난감했다. 이성적으로야 당연히 고난당하는 이웃 곁에 있어야 했지만 당시는 내 처지가 말이 아니었다. 이 문제를 놓고 밤새 뒤척이며 고민을 거듭하다 드디어 결론을 내렸다. 최 목사를 직접 만나 내 사정을 설명하고 양해를 구하자는 것이었다.

나를 처음 광장으로 끌어들인 사람이 최 목사였다. 거리의 목사이자 고난당하는 이들의 친구로, 그는 겉으로는 언제나 꿋꿋하고 씩씩했다. 하지만 그도 속으로는 무던히 지쳐 있었다. 그를 만나 현재 상황에 대한 설명을 들었다. 개신교의 역할이 더욱더 필요한 시점이었다. 어려운 상황을 자세히 설명하는 그에게 차마 "친구, 미안하네. 아무래도 나는 힘들겠어!"라는 말을 할 수가 없었다. 대신 "알겠어. 주변 사람들과 상의해볼게"라고 대답했다. 집으로 돌아오는 길에 나 자신이 참 바보 같다는 생각이 들었다. 그냥 냉정하게 거절하면 누군가 다른 사람이 할 텐데 뭐가 걱정스러워 거절을 못한 건지…. 그날 밤 열 시가 넘은 야심한 시간에 교회2.0목회자운동 실행위원들에게 광화문 국민휴가에 대해 설명하고, 교회2.0 천막카페를 열어 봉사할 의향이 있는지를 물었다. 놀랍게도 순식간에 "하자!"는 결정이 났다. 그런데 마침 돈이 하나도 없었다. 드디어 핑곗거리가 하나 생겼다. 이때 자유교회 하천운 목사가 선뜻 나서서 거금을 후원했다. 그 역시 자신이 섬기는 교회 지체들과 함께 마음속에 세월호 희생자 가족을 위해 무언가를 해야

   제1부 고난당하는 이웃의 친구, 천막카페 이야기

한다는 부담을 가지고 있었던 것이다. 마침 광화문에 카페를 열고 커피 봉사를 한다고 하니 기꺼이 힘을 보태주었다. 그뿐이 아니었다. 전국 곳곳에서 카페 형태의 교회를 하는 목회자들이 천막카페 운영에 필요한 지원을 아끼지 않았다. 이미 보이지 않은 곳에서 은밀하게 모든 것이 준비되어 있었고, 누군가가 시작하기만 하면 되는 일이었다.

천막카페 시즌 1 기간(2014.8.1-9)의 풍경이다. 이때 천막카페는 8천 명 이상의 사람들에게 커피와 음료를 제공했다.

천막카페 봉사는 목회자 세 명으로 시작했다. 선배 목회자 한 분과 교통사고 후유증으로 몸이 불편한 한 분, 그리고 나 이렇게 세 사람이다. 우리가 처음 커피 봉사를 시작한 8월 1일은 폭염주의보가 발령된 몹시 무더운 날이었다. 커피 봉사를 요청받아 오긴 했는데 광장에는 우리를 안내하는 사람도 없었고 도와주는 사람도 없었다. 한쪽에서는 현수막을 설치하고 그림을 그려주는 자원봉사자들이 뜨거운 열기와 씨름하며 구슬땀을 흘리고 있었다. 우리도 적당히 자리를 잡고 그분들에게 커피를 대접하는 것으로 봉사를 시작했다. 첫날의 커피 봉사는 초라하고 힘겨웠지만, 다행히 다음 날부터는 천막카페 진용을 갖추었다. 힘을 덜 들이고 봉사할 수 있게 합리적으로 동선을 짜고 자리를 배치했다. 물품도 충분히 준비했다. 그날 이후 계속해서 자원봉사자들이 찾아오고 시민들이 몰려오기 시작했다. SNS를 통해 천막카페가 알려지면서 천막 주변은 문전성시를 이루었다. 자원봉사자가 차고 넘쳐 하루 3교대도 가능해졌다. 너무나도 감사한 것은 천막카페 첫 번째 시즌부터 봉사했던 사람들 가운데 아직까지도 자리를 떠나지 않고 봉사하는 사람들이 있다는 것이다. 광화문 국민휴가 기간에 광장은 엄청난 규모의 인파가 모였고, 천막카페는 짧은 기간 동안 무려 8천 잔 이상의 커피와 탄산음료를 제공했다. 천막카페 첫 번째 시즌은 폭염주의보만큼이나 무척 뜨거웠다.

한편 천막카페 봉사는 엄청난 노동력을 필요로 했다. 앞서도 언급했듯이 나는 어렵게 얻은 안식월을 통해 충분히 쉬면서 재충전을 하길 원했다. 그러나 그 시간 나를 기다리고 있었던 것은 충분한 휴식이 아닌 천막카페의 고된 노동이었다. 그해 여름, 뜻하지

   제1부 고난당하는 이웃의 친구, 천막카페 이야기

않은 천막카페 봉사로 인해 엄청난 체력을 소진한 것은 사실이다. 오죽했으면 난생처음 내 발로 병원을 찾아 링거주사를 맞았을까. 하지만 놀랍게도 탈진 상태까지 침체되었던 내 마음은 나도 의식하지 못하는 사이에 어느덧 회복되기 시작했다. 몸은 몹시 피곤했지만 마음은 날마다 더 새로워졌다.

2014년 10월, 다시 최 목사에게서 전화가 왔다. 416가족대책위에서 천막카페를 재개해달라는 요청이 있었다고 한다. 당시 나는 어깨를 수술하고서 깁스를 한 상태였다. 묘하게도 언제나 최악의 상황일 때 커피 봉사 요청이 왔다. 8월 광화문 국민휴가 때 커피 봉사를 요청받았을 때와, 10월에 가족대책위로부터 천막카페 봉사를 요청받았을 때의 상황이 비슷했다. 내가 믿을 수 있는 구석이라곤 교회2.0목회자운동의 실행위원들밖에 없어, 그들에게 상황을 전달하고 가족대책위의 요청에 응할지를 놓고 상의했다. 이번에도 광장의 필요에 참여하기로 삽시간에 결론이 났다. 실행위원회는 신속한 논의를 위해 네이버 어플 밴드를 이용한다. 안건이 있을 때마다 오프라인에서 만나 얼굴을 맞대고 의논하는 것이 쉽지 않기 때문이다. 이를 통해 소수가 독단적으로 안건을 처리하는 것을 막는 동시에 안건 처리 속도도 높일 수 있다. 밴드 회의는 총

아홉 명이 참석하여 과반수 이상으로 찬반을 결정하는 방식이다. 칭기즈칸의 군대가 소수의 병력으로 유럽의 대군을 이겼던 이유는 속도였다. 어떤 조직이든 안건을 처리하는 속도가 느리면 경쟁에서 살아남기 어렵다. 물론 조직원 전체가 모인 자리에서 신중하게 처리해야 하는 일도 있다. 그러나 반대로 가급적 신속하게 처리해야 할 일도 있다. 천막카페의 경우는 후자가 적용되었다.

2014년 11월 3일에 천막카페 두 번째 시즌이 시작되었다. 나는 어깨를 수술하고 회복 중이라 부득이하게 깁스를 하고 광장에 나갔다. 교회2.0 가족들과 함께 천막을 치고 카페를 꾸미고 있는데, 세월호 참사 희생자 가족인 영석이 아빠가 다가와 팔을 걷어붙이고 적극적으로 도와주었다. 얼마나 고마웠는지 모른다. 불과 3개월 전에 비하면 너무나 큰 변화였다. 처음 천막카페를 시작할 때만 해도 아무도 관심을 보이지 않아 간신히 천막을 확보하여 쓸고 닦으며 카페를 준비했었다. 그런데 이번에는 분위기가 달랐다. 아마도 내심 천막카페 첫 시즌 활동을 좋게 평가했던 것 같다. 그러고 보니 나름대로 열매가 있었다. 무슨 일을 할 때 좋은 열매를 맺으면 사람들의 태도가 달라진다. 당연히 열매를 맺기 전까지는 힘들다. 이때 내가 이렇게 수고하는데 아무도 알아주지 않는다고 투정을 부려서는 안 된다. 아무런 열매도 없는 상태에서 다른 사람이 알아주길 바라는 것 자체가 어리석은 일이다. 좋은 열매를 맺기 전까지 어찌 보면 무관심과 홀대는 당연하다. 물론 좋은 열매를 맺는다고 반드시 좋은 반응이 따라오는 것은 아니다. 여전히 무관심과 홀대를 당할 수도 있다. 하물며 열매를 맺은 바가 없다면 묵묵히 인내하면서 계속해서 씨를 뿌려야 하지 않을까? 무엇보다 중요한 것은 사람들이 관심을 갖지 않아도 마땅히 할 일을 성실하게 감당하는 것이다. 그 후 일단 열매를 맺으면 서로에게 신뢰가 쌓여 일이 훨씬 쉬워진다. 영석이 아빠가 팔을 걷어붙이고 도와주는 모습은 우리 모두에게 큰 힘이 되었다.

천막카페 두 번째 시즌이 시작되자 나는 속으로 자신만만했다. 첫 시즌에 많은 자원봉사자들이 도와주었고 후원금도 넉넉했기 때문이다. 당연히 두 번째 시즌에는 더 많은 봉사자가 참여할 것이라 기대했다. 나뿐이 아니라 함께 일하는 모두가 이심전심이었다. 그러나 막상 뚜껑을 열어보니 상황은 전혀 달랐다. 봉사자들을 찾기가 쉽지 않았고 재정적인 후원도 거의 없었다. 우리의 예상이 완전히 빗나간 것이다. 학생들에게 11월은 아직 학기 중이고, 매해 11-12월은 목회자들이 교회 사역지를 옮기는 시기였다. 구름 떼처럼 몰려올 것 같았던 신학대학원생들도 발길이 뚝 끊겼다. 당초에는 '요일별 붙박이제'를 활용하여 교회2.0 실행위원들이 해당 요일에 하루씩 맡아 봉사하기로 했다. 그렇게만 하면 카페 봉사가 손쉽게 해결될 것처럼 보였다. 하지만 이는 너무 안일한 생각이었다. 설상가상으로 교회2.0 실행위원들마저 시간을 내기가 쉽지 않았다. 연말에는 교회마다 조직을 새롭게 구성하고 일

년 계획을 세워야 하기에 바쁘다. 또한 교회가 담임목사의 한 해 사역을 평가하는 때이기에 목사들 입장에서는 마음이 살얼음판을 걷는 것처럼 아슬아슬하다. 천막카페 첫 시즌이 너무 성공적이어서 거기 함몰된 나머지 현실을 정확하게 분석하지 못했던 것이다. 결국 '요일별 붙박이'를 세우지 못해 나 혼자 많은 일을 도맡아 처리할 수밖에 없었다. 이로 인해 나는 거의 매일같이 광장에 나와야 했고, 나 말고도 몇몇 사람들은 심하게 혹사당해야 했다. 2014년 11-12월 천막카페 봉사는 정말 간신히 유지되고 있었다.

늦가을을 지나 겨울로 진입하면서 광장은 더욱 썰렁해졌다. 광장을 찾는 사람들이 눈에 띄게 줄어들었다. 무언가 대책을 강구해야만 했다. 우리가 믿을 것은 시민들밖에 없는데 그들이 발걸음을 끊어버리면 더 이상 버틸 힘이 없기 때문이다. 여름내 뜨거웠던 열기는 모두 사라졌다. 진실 규명의 의지가 전혀 없는 정부의 반응 앞에 지쳐서 장기 봉사자들도 뿔뿔이 흩어지고 있었다. 힘겹게 봉사하면서 따뜻한 격려와 축복을 받기는커녕 서로 갈등하다가 더는 못 견디고 슬쩍 떠나는 사람들도 있었다. 어쩌면 좋을까? 상처 입고 떠나가는 봉사자들을 붙잡아야만 했다. 떠날 때 떠나더라도 그간의 수고를 위로해주며 그들의 봉사가 의미 있었다는 것을 확인시켜주는 일이 필요했다. 만일 이런 과정 없이 봉사자들이 소리 소문 없이 사라지도록 방치한다면 이다음에 누가 광장에 나오겠는가? 이는 굉장한 손실이다. 나 혼자만의 위기의식이었는지

    제1부 고난당하는 이웃의 친구, 천막카페 이야기

는 몰라도 이런 생각이 드니까 도저히 그냥 있을 수가 없었다. 장기 봉사자들에게 명예로운 퇴로를 열어주는 동시에, 언젠가 그들이 다시 모일 수 있게 하려면 어떻게 해야 할까?

그래서 우리는 '위드콘서트'를 기획했다. 이는 천막카페가 행사 비용 일체를 도맡아야 할 뿐 아니라 기획, 섭외, 진행, 정리 등 모든 수고를 감당해야 하는 일이었다. 더욱이 광장은 이제 사람들이 썰물처럼 빠져나가는 분위기였다. 따라서 그들을 다시 규합할 수 있는 근거를 찾아야 했다. 나는 기회가 닿는 대로 광장 사람들에게 '위드콘서트'의 필요성에 대해 설명했다. 그리고 마침내 행사가 성사되었다. 처음에는 장기 봉사자들을 축복하고 위로하기 위한 출구 전략의 일환으로 마련된 행사였다. 하지만 놀랍게도 행사를 준비하는 과정에서 분위기는 반전되었다. 광장의 사람들뿐 아니라 광장 밖에서 말없이 지켜보던 사람들 사이에서도 기왕이면 다시 힘을 합해 잘해보자는 분위기가 형성되었다. '위드(WITH) 콘서트'는 이런 분위기를 반영하여 '함께한다'는 취지를 담아 만든 명칭이다. 함께하면 희망이 자란다.

하나님께서는 두려움에 떨고 있는 자신의 백성들에게 분명히 약속하셨다. "두려워하지 말라, 내가 너와 함께함이라. 놀라지 말라, 나는 네 하나님이 됨이라. 내가 너를 굳세게 하리라. 참으로 너를 도와주리라. 참으로 나의 의로운 오른손으로 너를 붙들리라"(사 41:10). 예수님께서는 세상 끝날까지 우리와 함께하시겠다고 약속하셨다. "내가 세상 끝날까지 너희와 항상 함께 있으리라"(마 28:20). '임마누엘'이신 하나님께서는 우리와 영원히 함께하신다. 보혜사 성령님은 예수 그리스도의 이름으로 우리 가운데 오셔서, 우리 속에, 우리 곁에 영원히 거하신다. 삼위일체 하나님이 우리와 '함께하심'이야말로 가장 큰 은혜다. 그리스도인들은 이 은혜를 넘치도록 받은 사람들이다. 따라서 우리는 이 은혜를 사람들에게 나누어야 한다. 삼위일체 하나님께서 우리와 함께하셨던 것처럼 우리도 고난당하는 이웃들과 함께해야 한다는 얘기다. 그리스도인은 고난당하는 이웃들과 함께하는 삶을 통해 복음을 증거해야 한다. 세상이 그리스도인의 삶에서 복음을 볼 수 없다면, 그리스도인들이 입으로 전하는 복음도 배척하게 되어 있다. 우리의 삶이 복음을 증명할 때 사람들의 눈이 열리고 귀가 열릴 것이다.

나는 희망찬교회 교인인 가수 백미현 자매에게 도움을 청했다. 그녀가 이끄는 '더(THE)나누리'는 가수들의 재능 기부 단체다. 감사하게도 더나누리에 속한 가수들이 위드콘서트에 힘을 보태주었다. 행사가 열린 날은 2014년 12월 24일 성탄절 전야였다. 이런 날이야말로 가수들이 얼마나 바쁜가! 그럼에도 그들은 다른 스케줄을 조정해가면서까지 기꺼이 함께해주었다. 더나누리 멤버들은 의리로 뭉친 사람들이다. "백미현이 좋은 일을 한대. 그럼 가서 도와줘야지!" 위일청 씨가 했던 말이다. 그의 겸손한 말 속에서 의리로 똘똘 뭉친 가수들의 연대 의식이 느껴졌다. 가냘픈 손가락을

제1부 고난당하는 이웃의 친구, 천막카페 이야기

이용해 연주하는 통기타 가수들에게 칼바람이 휘몰아치는 광장은 최악의 무대였다. 음향 시설도 변변치 않았다. 모든 상황이 자신의 실력을 제대로 발휘하기 어려웠음에도 불구하고 많은 가수들이 함께해주었다. 운동하는 사람들은 입버릇처럼 '사상'과 '가치'를 말하지만 실제 사람들을 움직이는 것은 '신뢰'인 경우가 많다. 누군가를 믿고 따르기에 최악의 상황에서도 그와 함께하는 것이다. 그리스도인 한 명이 세상에서 믿을 만한 사람이 된다는 것은 이렇게 많은 사람을 한데 연결하는 고리가 된다는 의미다. 따라서 우리가 어떤 일을 할 때 멋진 사상이나 이론으로도 무장해야 하지만, 진정으로 사람을 움직이려면 가장 먼저 믿을 만한 사람이 되어야 한다. 가수 백미현이 그런 사람이다.

성탄 전야에 열린 위드콘서트를 위해 의리로 한데 뭉친 가수들은 "가을사랑"의 신계행 씨, "삼포로 가는 길"의 강은철 씨, 서울패밀리의 위일청 씨, '더나누리' 부회장인 장운 씨, "난 바람 넌 눈물"의 백미현 씨와 '유재하 음악경연대회'에서 대상을 수상한 형제까지 총 6명이었다. 평상시 이런 유의 무대에 섰던 가수들이 아니었기에 그들도 나름의 결단이 필요했을 것이다. 출연 가수 중 최고 연장자인 위일청 씨는 추위에 떠는 청중을 향해 가볍게 농담을 건넸다. "이해가 되지 않아요. 내가 나이가 제일 많은 것 같은데 뭐가 춥다고 그래요. 나는 괜찮은데…, 다들 어깨 펴세요." 그는 노래 두어 곡을 부른 후에 또 다시 말했다. "가수로 살아온 인생 가운데 오늘 이 무대가 가장 기억에 남을 것 같아요. 여러분, 사랑합니다.”
그리고서 위일청 씨의 즉석 제안에 따라 모든 가수들이 나와 성탄
캐럴을 불렀다. 살을 에는 듯한 칼바람이 휘몰아친 날씨였지만 가
수들이 불러주는 노래에 듬뿍 담긴 따뜻한 마음 덕분에 그날 우리
는 추위를 이겨낼 수 있었다.

2014년 성탄 전야에 열린 위드콘서트 후에도 가수 백미현 씨
는 이듬해 성탄절 광장문화제 “희망의 바람이 분다” 엔딩 공연에
함께해주었다. 그녀는 고난당하는 이웃들과 함께하는 것을 자신
의 사명으로 여기고 살아가는 사람이다. 그래서일까? 그녀를 보면
자연스레 하나님의 성품을 닮은 사람이란 생각이 든다. 그녀가 이
끄는 ‘더나누리’는 월 1회 거리에서 자선 공연을 하며 모금 활동
을 펼친다. 이렇게 모금한 후원금은 형편이 어려워 타고난 재능을
살리지 못하는 청소년들을 위해 써달라고 경기도 구리시청의 ‘무
한돌봄과’에 전액 기탁한다. 2015년 한 해 동안 ‘더나누리’가 거리
공연으로 모금한 액수는 무려 1천만 원이 넘는다. 그들의 얼굴에
는 항상 미소가 가득하다. 아마도 돈을 받고 서는 무대에서는 경
험하기 어려운 기쁨이 있기 때문이리라. 이것이 ‘더나누리’가 8년
째 봉사를 이어오는 비결이다. 바울은 죄수의 신분으로 감옥에 갇
혀 있는 동안에도 빌립보에 있는 그리스도인들에게 이렇게 권하
였다. “주 안에서 항상 기뻐하라. 내가 다시 말하노니 기뻐하라”(빌
4:4). 어떤 일을 하면서 진정으로 기뻐할 수 있다면 난관에 봉착해

도 좌절하지 않을 수 있다. 그는 오히려 그 어려움을 넉넉히 헤쳐 나갈 것이다.

가수 백미현, 신계형, 장운 씨가 함께 무대 앞으로 나와 즐겁게 성탄캐럴 메들리를 부르고 있다.

1주기 천막카페 봉사

세월호 참사 1주기 기념행사는 치열했고, 시민들의 관심은 뜨거웠다. 광화문에 설치된 세월호 분향소는 조문을 하기 위해 찾아온 시민들로 발 디딜 틈이 없었다. 예상치 못했던 많은 인파가 몰리자 분향소는 개인 단위가 아닌 조별로 조문을 하도록 유도해야 했고, 현장에서 상주하며 분향을 안내할 사람들이 필요했다. 처음에는 사람이 없어 한 사람이 혼자서 네 시간을 서서 안내 일을 해야 했다. 그러다 전국민주동문회가 그 일을 맡아 주었다. 천막카페에 봉사하러 나온 자매들도 분향소 일을 지원했다. 자매들은 손수 국화를 다듬어 시민들에게 끊임없이 나누어주었다. 그래도 줄은 좀처럼 줄지 않았다. 분향소 앞에서 시작한 줄은 세종대왕상 앞에까지 길게 늘어섰고 이마저도 감당하기 어려워지자 시민들이 자발적으로 여러 줄을 만들어서 질서를 유지했다. 우리 교회 부목사님은 그날 분향하기 위해 무려 세 시간 반을 기다렸다고 한다. 세월호 참사에 대한 시민들의 관심은 여전히 살아 있었다. 아무도 세월호 참사를 잊지 않고 있었다. 아니, 잊을 수가 없었을 것이다. 단지 그들을 하나로 결집시켜줄 기회가 주어지지 않았던 것이다. 시민들이 함께하기 원한다면 함께할 수 있는 일을 만들어야 한다. 광화문에 세월호 분향소를 설치한 것은 시민들의 참여를 이끌어내는 좋은 방법이었다.

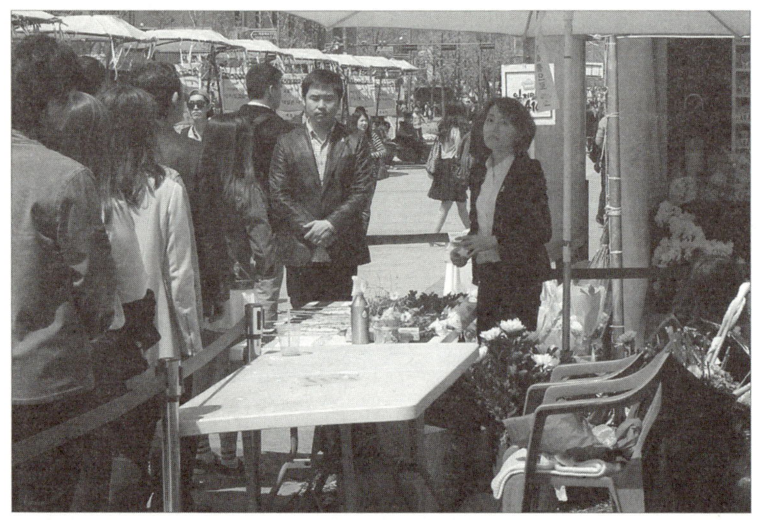

분향소 앞에 한 줄로 서 있던 시민들은 인파가 늘어나자 자발적으로 S자로 줄을 만들고서 분향을 기다렸다.

광화문 광장에서는 문화제 외의 집회가 사실상 불가능했다. 그래서 2주기 추모집회는 시청 앞에 있는 서울광장에서 열렸고 역시나 엄청난 인파가 모였다. 안산에서 세월호 희생자 가족들이 올라

     제1부 고난당하는 이웃의 친구, 천막카페 이야기

와 시민들과 합류하면서 추모집회는 마치 용광로처럼 뜨거워졌다. 그런데 추모집회가 끝나갈 무렵, 경찰이 순식간에 '차벽'을 설치하는 게 아닌가. 선량한 시민들을 상대로 마치 군사작전을 방불케 하는 차단 작전이 벌어진 것이다. 이날 행사에는 아기들을 유모차에 태우고 나온 엄마 아빠들도 다수 있었다. 무슨 폭력적인 행동이 있었던 것도 아닌데 경찰은 시민들을 폭도처럼 대했다. 독성 최루액이 무차별로 난사되었고, 그로 인해 고통을 호소하는 시민들을 위해 많은 양의 물이 필요했다. 이날 천막카페는 엄청난 양의 물을 공급해야 했다. 결코 쉽지 않은 일이었지만 우리가 해야 할 일이었다. 천막카페 사역의 보이지 않는 든든한 동역자인 목사님이 늦은 저녁 시간에 겨우 천막카페에 도착해서 하는 말이, 시청 앞에서 광화문 천막카페까지 오는데 무려 세 시간이나 걸렸다고 했다. 추모집회를 마친 시민들은 고단한 모습으로 광화문 광장에 속속 들어왔고, 도착하자마자 제일 먼저 천막카페에 들러 따뜻한 커피를 찾았다. 그날도 엄청난 분량의 커피가 지친 사람들의 마음을 달래주었다. 밤 11시를 훌쩍 넘긴 야심한 시간임에도 여기저기 흩어져 있던 시민들이 광장으로 오자마자 계속해서 천막카페를 찾았다. 때문에 천막카페에서 봉사하는 사람들은 잠시도 쉴 겨를이 없었다. 그렇다고 가정이 있는 자매들을 밤새 붙잡아둘 수도 없는 노릇이었다. 결국 대부분의 봉사자들을 집에 보내고 나를 비롯한 몇몇 사람이 남아 끝까지 커피와 음료를 대접하기로 했다. 그날 천막카페에서 알게 된 형제 한 명이 마지막까지 함께하며 도와주었다. 그 형제가 아니었다면 그 많은 인파를 감당하기 어려웠을 것이다.

천막카페는 사람들로 밤새 초만원이었다. 난로 옆에 쭈그리고 앉아 쪽잠을 청하거나 서서 추위를 녹이는 분들이 한데 뒤엉켜 있었다. 간간이 한 무리의 사람들이 추가로 들이닥쳤다. 경찰 통제선 때문에 아주 멀리 돌아왔다고 했다. 그러면서 천막 안으로 들어서자마자 급하게 물부터 찾았다. 하루 종일 엄청난 양의 물과 커피를 대접했는데도 도저히 일이 끝날 기미가 안 보였다. 허리를 제대로 펼 틈도 없었다. 나는 평소 퇴행성디스크 증세가 있어 그날처럼 고되게 일을 하면 기어코 허리가 탈이 났다. 아픈 허리를 겨우 추슬러가며 연신 커피를 내리는데 한쪽에서 어떤 젊은 여학생이 사람들에게 이상한 질문을 던지는 것이 눈에 들어왔다. 아차 싶어 슬금슬금 곁눈질로 관찰했다. 혹 신천지가 아닌지 의심스러웠다. 천막카페 안에서 벌어지는 모든 일에 대한 책임이 내게 있기에 확실하게 대처해야 한다는 생각에 나는 다소 예민하게 반응했다. "학생, 지금 뭐하는 겁니까? 혹시 신천지는 아니죠?" 그런데 그 질문이 문제가 돼버렸다. 그 학생은 내 말에 몹시 기분이 나빴는지 커피를 내리고 있는 나를 향해 집요하게 따지기 시작했다. 미안한 마음에 조곤조곤 설명을 했지만 아무런 소용이 없었다. 내 몸은 진작에 파김치가 되었고, 계속해서 사람들은 몰려오고, 커피 내리랴 그 여학생을 상대하랴 정말 힘들었다. 급기야는 나 같은

     제1부 고난당하는 이웃의 친구, 천막카페 이야기

목사들 때문에 세월호 희생자 가족들이 욕을 먹는다는 말에 나도 그만 감정이 폭발하고 말았다. 나는 하던 일을 잠시 멈추고 그 학생을 데리고 천막 밖으로 나갔다. 천막 안에서 쪽잠을 청하는 시민들도 있었기 때문에 언성을 높일 상황이 아니었다. 그 순간 천막 안에 있던 시민들이 같이 우르르 따라 나왔다. 그중 연세가 지긋한 한 분이 그 학생을 꾸짖기 시작했다. "목사님이 지금 시민들을 위해 얼마나 애쓰고 있는데 왜 목사님을 괴롭히는 거야! 지금 상황을 보면서도 그러고 싶어? 이게 사람이 할 짓이야!" 이 사람 저 사람이 돌아가며 한 마디씩 보태는데 고마운 마음보다는 도리어 그 자매에게 미안한 마음이 들었다. 우리 둘 다 서로 초면이었다. 그때 그 여학생과 같은 또래로 보이는 한 형제가 그 자매를 다른 쪽으로 데려갔다. 잠시 후 여학생이 내게 와서 진지한 모습으로 사과를 했다. 나도 미안한 마음에 얼른 사과를 했다. 그녀가 눈물을 펑펑 쏟으며 우는 바람에 나는 너무 미안해져 내가 잘못했다고 연신 사과를 했다.

겨우 일을 마치고 집으로 돌아가는데 만감이 교차했다. 이게 도대체 뭐하는 짓인가 싶었다. 너무 피곤하고 힘들었다. 열심히 해도 좋은 소리를 못 듣는다고 생각하니 몹시 울적했다. 그러다 내 자신이 한심해지기까지 했다. 이런 식으로 별의별 감정이 파도처럼 몰려왔다 사라지기를 반복했다. 그렇지만 예배당에 들어설 때는 광장에서 아무리 힘들게 봉사하고 왔어도 티를 내면 안 된다. 밖에서 허비한 시간만큼 교회 공동체에 들어서는 순간 목사는 죄인이 된다. 나는 교인들의 영적 복지를 등한히 한 죄인일 뿐이다. 대체 나는 왜 이렇게 사는가? 나도 잘 모르겠다. 자식 잃고 죄인 취급받는 세월호 참사 희생자 가족들에 비하면 아무것도 아니지만 그날은 나 역시 힘겨운 하루를 보냈다. 그러면서도 한편으로 위로가 되는 부분도 있었다. 천막카페에서 내 편을 들어주던 어르신이 호통을 치며 하셨던 말씀이 다시금 생각났다. 좋은 일을 하는 목사를 괴롭히지 말라는 것이었다. 그분은 좋은 일을 하는 목사를 보호하고 싶으셨던 것 같다. 그래서 주무시다 말고 따라 나오신 것이다. 그러고 보면 천막카페 사역이 아주 헛되지는 않은 듯싶었다. 우리는 대놓고 하나님의 말씀을 전하지 않는다. 그저 묵묵히 물과 커피와 음료를 사람들에게 대접했을 뿐이다. 행여 천막카페에 맛있는 음식이 들어오면 필히 주변 사람들과 나눠 먹었다. 그런데 그들은 "목사가 좋은 일을 한다"고 말한다.

광장에서 만난 사람들은 종교적 편견이 없다. 그들의 일차적 관심은 내가 목사라는 사실에 있지 않다. 내가 자신들에게 얼마나 친절하고 필요한 일을 하는지에만 관심을 둔다. 오히려 가장 편견이 심한 사람들은 그리스도인들이다. 이들은 무슨 일에든지 먼저 교리적 잣대부터 들이댄다. 이웃에게 선한 일을 하였음에도 그 행위를 교리적 저울에 올려놓고 판단하고 배척한다. 분명히 못된 짓을 많이 했는데도 '장로'라는 이유로 두둔하기도 한다. 주님께서

 제1부 고난당하는 이웃의 친구, 천막카페 이야기

명하신 '삶'이 없는데도 '교리'를 쥐고 있으면 같은 편이랍시고 똘똘 뭉친다. 광장에 있는 사람들은 이런 그리스도인들을 대놓고 싫어한다. 반면에 그들은 자신에게 친절한 사람을 좋아한다. 그들은 그가 순수하게 봉사하는 사람인지, 무언가 다른 목적이 있는지를 대번에 알아차린다. 진짜 봉사하는 사람인지, 명분을 만드는 사람인지를 정확하게 구분한다. 광장의 사람들은 좀처럼 자신의 속내를 드러내지 않는다. 그렇다고 해서 그들이 아무것도 모른다고 생각하면 오산이다.

아빠들의 풍찬노숙과 식사 봉사

2015년 4월 2일, 광화문 세월호 광장에서는 희생자 가족 50여 명의 삭발식이 진행되었다. 진실 규명을 외치는 희생자 가족들의 요구를 더 많은 보상금을 받기 위한 소위 '시체팔이 장사'로 왜곡시킨 데 분개하여 벌어진 일이다. 나는 그날 광장에서 쏟아져 나온 한 맺힌 발언을 들으며 '슬픔'을 넘어 '두려움'마저 느껴졌다. 자식을 먼저 보낸 부모는 두려울 게 아무것도 없었다. 광장은 일순간에 눈물바다로 돌변했다. 삭발식이 끝난 후 희생 학생 아빠들 세 명이 풍찬노숙(風餐露宿)에 들어갔다. 세월호 참사 후 광화문 광장에서 처음 단식을 시작했던 유민이 아빠와 광장에서 상주하며 그곳을 지키는 영석이 아빠, 민우 아빠가 함께 노숙 농성에 돌입한 것이다. 사실 세 아빠 모두 건강이 좋지 않은 상태였다. 그럼에도 유민이 아빠는 세종대왕상 앞에서, 다른 두 아빠는 광화문 맞은편 잔디밭에서 노숙을 시작했다. 얄궂게도 이 시기에 비가 자주 왔다. 비닐을 지붕 삼아 노숙을 하였기에 비닐 안쪽으로 습기가 발생할 때마다 아빠들 온몸이 흠뻑 젖었다. 그들은 낮에는 이글거리는 태양과 맞서야 했고, 지나가는 행인들의 구경거리가 되기도 했다. 사정을 모르는 시민들은 이상한 눈으로 쳐다보았다. 이분들이 가진 것이라고는 자신의 몸뚱아리 하나밖에 없었다. 자식 잃은 억울함을 호소하기 위해 이들이 할 수 있는 일은 자기 몸을 괴롭히고 학대하는 것뿐이다. 그래서 삭발을 하고 단식을 하고 노숙을 하는 것이다. 이들은 결코 다른 사람을 공격하거나 괴롭히지 않았다. 그저 자기 몸을 제물 삼아 억울함을 호소할 뿐이었다. 과연 이들이 무슨 죄를 지었길래 저리도 고통을 당해야 한단 말인가? 그 광경을 바라보고 있노라면 아무 관계가 없는 나까지도 애간장이 탔다. 그들은 세월호라는 뒤주에 갇혀 죽어간 자녀를 살리기 위해 부모가 되어 아무것도 하지 못했다고 죄책에 시달리는 사람들이다. 더구나 정부와 언론은 자식의 죽음에 대한 진실을 밝혀달라는 이들의 절규를 더 많은 보상금을 타내기 위한 술수로 왜곡했다. 그리고 정부의 엉터리 발표를 곧이곧대로 믿는 일부 몰지각한 사람들은 희생자 가족을 향하여 "애들 죽음으로 팔자 고친 사람들"이라고 막말을 내뱉는다. 이에 분노한 희생자 가족들이 삭발하고 풍찬노숙에 돌입한 것이다.

하루는 광화문 맞은편 잔디에 앉아 영석이 아빠와 삼십 분 정도 이야기를 나누었다. 내가 먼저 말을 꺼냈다. "세월호 희생자 가

2015년 4월 2일 광화문 세월호 광장에서 50여 명의 희생자 부모들이 진상규명을 외치며 삭발을 단행했다.

족들은 이미 충분히 대단합니다. 제가 1963년생 82학번이에요. 지금껏 많은 시민운동을 봐왔는데 이번처럼 끈질기게 싸우는 사람들은 처음 봅니다. 여러분 모두 불의한 언론과 사악한 권력에 맞서 여기까지 왔습니다. 이성을 잃은 야당과 비겁한 종교계가 아무런 힘이 되어주지 못하는 상황에서도 정말 잘 버텨주고 있어요. 무엇보다 가족분들이 건강해야 합니다. 증인들이 건강해야 진실을 밝힐 수 있잖아요. 끝까지 버티면 반드시 이길 겁니다." 내 이야기를 듣던 영석이 아빠가 힘없이 되물었다. "국민들이 그때까지 우리를 기억할까요? 내 생각에는 얼마 못 가 잊힐 것 같아요. 그게 가장 두려워요." 그 말을 듣는 내 눈시울이 불거졌다. 마음이 너무 아팠다. 아무런 힘이 없는 이들은 진실을 은폐하는 정부와 싸울 마땅한 방법이 없어 자기 몸을 제물 삼아 괴롭히는 사람들이다. 이것이 과연 이들만의 일일까? 어쩌면 그 배에 내 아이가 탔을 수도 있다. 따지고 보면 세월호 참사는 이 땅에 사는 우리 모두의 문제다.

그에게 간밤에 잠은 잘 잤는지 물었다. 비닐 한 장에 의존해서 잠을 청하곤 하는데 물이 차서 불편하다고, 아침에 일어나면 옷이 다 젖어 있다는 대답이 돌아왔다. 밥은 잘 먹는지 물었다. 아침 겸 점심을 컵라면 하나로 때우는 날이 많단다. 광장 인근의 식당에서 밥을 사 먹는 것도 이제 질린다고 했다. 집밥이 그리운 것이다. 때마침 광화문 광장에 구세주가 등장했다. 마포구 성미산 마을의 '세월공감' 멤버들이 집밥을 공수해오기 시작한 것이다. 그 모임의 멤버들이 한 가지씩 반찬을 준비하면 그중 한 사람이 한데 모아왔다. 이 일은 발품을 많이 팔아야 했기에 한 사람이 모든 준비를 책임지고 있었다. 그래도 이렇게 해서나마 광장에 상주하는 아빠들이 일주일에 한두 번은 집밥을 먹게 되었다. 아빠들에게 집밥을 배달해주는 딸기(별칭)는 손목이 시원찮았다. 음식을 준비하는 일이 어디 보통 일인가. 게다가 그 음식을 주차장서부터 광장까지 운반해야 했다. 가끔 다른 사람의 도움을 받지만 혼자서 감당할 때가 많다. 그러던 차에 병든 시어머니까지 모시게 되면서 그녀는 언제까지 이 일을 할 수 있을지 자신 없어 했다. 아빠들을 보

 제1부 고난당하는 이웃의 친구, 천막카페 이야기

면 끝까지 함께해야 하는데, 자신의 처지도 녹록치 않았다. 그래서 매일 울면서 기도했다고 한다. 다행히 그녀의 눈물이 마르기 전에 천막카페가 식사 봉사를 시작했다. 천막카페의 식사 봉사가 그녀의 입장에서는 기도에 대한 응답이었을 것이다. 그래서인지 그분은 우리를 만날 때마다 함께 눈시울을 적신다. 나쁜 나라에도 어김없이 착한 사람들이 산다. 진실한 환대와 소박한 감사가 있는 사람들에게서 우리는 하나님의 형상을 본다.

천막카페 식사 봉사는 이렇게 시작되었다. 풍찬노숙하는 아빠들 얼굴에 병색이 완연한데 식사마저 제대로 하지 못한다는 말을 듣고 가만히 있을 수가 없었다. 나는 페이스북 '고난받는 이들과 함께하는' 그룹에 속상한 마음을 쏟아냈다. 그리고 식사 봉사를 제안했고, 요일별 책임자를 찾았다. 그날 이후 여기저기서 메시지가 오기 시작했다. 많은 사람들이 이 일에 동참하고 싶다며 어떻게 하면 되느냐고 물어왔다. 삽시간에 함께 봉사할 사람들이 결성되었다. 이미 '집밥미션'을 수행 중인 성미산 마을 세월공감, 광장 사정에 맞춰 여러 가지 봉사에 참여하는 성동구 중구 엄마들(성중맘), 정의당 이재완 씨, 바람빛교회, 목민연구소 고성휘 소장, 희망찬교회 천국의 밥상(사회봉사를 위한 직능별 목장), 예수살이 공동체, 파주 예술인 등등. 그 외 다른 경로로 참여 의사를 밝힌 분들도 있었다. 이제 몇몇 단체와 개인들이 참여하는 식사 봉사를 종합적으로 조율하고 친절하게 안내할 사람이 필요했다. 희망찬교회에서 커피 봉사를 시작한 '비엔나'(별명)가 적임자였다. 그녀는 친절한 안내자인 데다 복잡한 상황 변화에 차분하게 대처하는 재능을 가진 자매였다. 후일 광장에 상주하던 아빠들이 철수하면서 식사 봉사는 자연스럽게 중단되었다. 그렇지만 이 일은 우리에게 더할 나위 없이 소중한 친구들을 만들어주었다. 우리가 언제 또다시 뭉치게 될지는 알 수 없지만 이들은 모두 고난의 현장에 꼭 필요한 사람들임이 분명하다. 유명한 사람을 알아 뭐하겠는가. "나 그런 사람 만났어!" 이런 허튼 자랑 외에 무슨 유익이 있는가. 그것은 오랫동안 소중하게 가꿔갈 만남이 아니라 그냥 잠시 스쳐 가는 바람 같은 대면일 뿐이다. 나는 앞으로도 낮은 자리에서 묵묵히 봉사하는 사람들을 계속해서 만나고 싶다. 우리가 함께 힘을 합할 때 얼마나 많은 일을, 그리고 얼마나 의미 있는 일을 할 수 있는지 모른다.

구약성서를 보면 이스라엘 아합 왕 시절에 활약했던 예언자 엘리야는 의인들이 다 죽고 자기만 남았다고 엄살을 떨었지만 실제로는 바알에게 무릎 꿇지 않은 칠천 명의 신실한 사람들이 있었다. 하나님께서는 엘리야가 모르는 또 다른 사람들을 숨겨놓고 계셨다. 우리에게 큰 믿음과 결단을 요구하는 어떤 일이 닥쳤을 때, 우리는 나 혼자서 그것을 어떻게 감당하느냐고 주저하고 거부하기 쉽다. 하지만 만일 그런 요구를 하나님께서 주셨다면 결코 당신 혼자만의 힘으로 모든 일을 감당하라고 맡기신 것이 아니다. 하나님께서 우리에게 어떤 선한 일을 맡기실 때는 그 일을 할 수

　　　제1부 고난당하는 이웃의 친구, 천막카페 이야기

있는 힘과 동역자도 함께 주신다.

광장에 상주하는 학생 희생자 아빠들이 어떻게 끼니를 해결하는지 아무도 관심을 두지 않을 때 조용히 식사 봉사를 시작한 성미산 마을 '세월공감' 멤버들에게서 나는 큰 감동을 느꼈다. 그들은 자신들의 봉사를 공개적으로 선전하지 않는다. 그저 자신들의 커뮤니티에서 멤버들끼리 조용히 나눌 뿐이다. 꽤 큰 희생과 대가가 요구되는 봉사를 하고 있음에도 결코 소문을 내는 법이 없다. 그들은 아빠들 앞에 집밥을 차려놓고 한 숟가락이라도 더 먹으라고 엄마처럼 잔소리를 하는 푸근한 사람들이다. 광장에서 봉사한 지 일 년 정도 되면 광장에 상주하는 유가족 아빠들이 정말 신뢰하는 사람들이 누구인지가 눈에 들어온다. 사랑을 받는 사람은 본능적으로 그 사랑이 순수한지 불순한지를 알아차리기 때문이다. 물론 광장을 찾아주는 모든 사람이 다 귀하고 고마운 사람들이다. 다만 유가족들은 그중에서도 더 진실하게 자신들의 형편을 살펴주는 사람들이 누구인지를 잘 안다. 어쩌다 한 번 광장에 나와 잠시 봉사하는 것으로 자신을 미화시키는 사람들과, 말없이 늘 곁에 머무는 사람들을 구별할 줄 아는 것이다. 고난당하는 이웃과 함께한다는 것을 자기 선전도구로 내세우는 것은 결코 옳은 일이 아니다. 자신을 포장하고 드러내기 위해 사회적 약자를 이용하는 것은 못된 상술에 불과하다. '세월공감' 멤버들처럼 굳이 스스로를 드러내지 않아도 사람의 됨됨이는 기어코 밝혀지게 되어 있다. 조용히 봉사해도 아는 사람은 다 안다.

'집밥미션'을 총괄한 '딸기'는 가톨릭 신자다. 그 외 멤버들은 거의 종교가 없다. 그런데도 나는 가끔 그들에게서 그리스도의 향기를 맡는다. "어떤 사람들의 죄는 밝히 드러나 먼저 심판에 나아가고, 어떤 사람들의 죄는 그 뒤를 따르나니 이와 같이 선행도 밝히 드러나고 그렇지 아니한 것도 숨길 수 없느니라"(딤전 5:24-25). 진실의 그날은 반드시 온다. 참된 환대와 위선이 모두 낱낱이 드러날 것이다. 우리의 환대는 예수 그리스도를 얼마나 따르고 있는가?

   제1부 고난당하는 이웃의 친구, 천막카페 이야기

기독교 광장문화제로 시작한 목요문화제는 천막카페의 또 다른 봉사다. 목요문화제는 2015년 9월부터 광화문 세월호 광장에서 시작되었다. 애당초 매주 목요일 저녁 시간을 전적으로 책임지는 일이 쉽지 않아 일정 부분 촛불교회와 동역하는 쪽을 선택했다. 매월 첫 번째 목요일은 촛불기도회로 모이고, 두 번째 목요일부터는 천막카페 주관하에 함께하는 예배와, 음악 공연, 광장신학 마당 순서로 기획하였다. 그동안 찬송가밴드, 길가는밴드, 히스토리메이커스, 해오른누리, 가수 겸 시인 홍순관, 고난당하는 이들을 위한 싱어송라이터 정원진, 한양대학교 심삼종 교수가 이끄는 종트리오(심삼종, 김명종, 김종완), 가수 백미현, 시인이자 교수 김응교 선생, 기타 연주가 김수로헌, 민중가수 최도은, 함께여는교회 방인성 목사, 서울신대 박영식 교수, 성공회대 민중신학자 김희헌 교수, 교회개척학교 숲 김종일 목사, 교회2.0목회자운동 실행위원장 정성규 목사, 기둥

교회 박찬희 목사가 목요문화제를 섬겨주었다. 언제나 그렇듯 11월이 되면 광장은 몹시 쌀쌀해진다. 광장에 앉아 있다 보면 뼛속으로 파고드는 한기에 오글오글 떨 때도 많다. 그럼에도 우리는 12월까지 꿋꿋이 광장을 지켰다. 2016년 1월과 2월은 목요문화제 시즌 2를 준비하는 마음으로 전시실에서 '희망촛불 광장예배'라는 이름으로 모여 고난의 현장을 찾아 활동하는 그리스도인들에게 필요한 메시지를 나누었다.

사실 목요문화제는 천막카페가 단독으로 시작한 일이 아니다. 현장의 필요에 반응하다 보니 자연스럽게 시작된 일이었다. 나는

2015년 11월 19일 시인 김응교 선생(숙명여대 교수)이 광장신학 무대에서 "세월호 곁으로"라는 주제로 강의하고 있다. 혹독한 추위와 강풍으로 현수막이 찢어지는 상황에서도 끝까지 연주와 강연을 잘 마쳐주셨다.

 제1부 고난당하는 이웃의 친구, 천막카페 이야기

2015년 여름에도 꾸준히 광장에 나갔다. 여느 때처럼 햇살이 뜨겁다. 이럴 때일수록 봉사자들은 더 힘을 내야 한다. 사람들은 쉽게 지치기 마련이고, 불쾌지수도 점점 높아지기 때문이다. 천막카페는 날마다 근처 편의점에서 얼음을 구입하여 세월호 광장 사람들에게 돌렸다. 하루에 적게는 30개에서 많게는 50개가 넘는 컵을 돌렸다. 얼음이 담긴 컵 안에 커피와 미숫가루, 탄산음료를 채워 광장 사람들의 더위를 식혀주었다. 오후 5시가 넘으면 광화문 서쪽에 있는 건물에 햇볕이 막혀 광장이 시원해진다. 이 시간대가 되면 나는 곧잘 세월호 광장 중앙의 파라솔에 앉아 지인들과 이런저런 대화를 나누는 것으로 하루 봉사를 마친다. 하루는 영석이 아빠와 대화를 나누다가 2014년에 열렸던 위드콘서트 이야기가 나왔다. 그날 콘서트에 참여한 가수들은 매서운 한파에도 최선을 다해 공연을 해줬다. 영석이 아빠 말로는, 그간의 광장문화제와는 느낌이 달랐다고 한다. 그날 공연은 칼바람과 혹독한 한기를 이기게 하는 따뜻함이 있어 좋았다고 한다. 그러면서 광장에서 함께하는 사람들이 서로 더 긴밀히 결속하려면 천막카페가 토요문화제에 참여해 힘을 보태면 좋겠다는 말을 덧붙였다. 나는 그에게 우리가 얼마나 일이 많은지를 차분히 설명했다. 나 역시 담임목회를 하는 입장에서 더 이상의 봉사는 무리라고 설명했다. 하지만 이런 나의 호소가 도무지 먹히지를 않았다. 그의 끈질긴 요구를 뿌리칠 수가 없어서 나는 결국 토요문화제의 한 축을 담당하고 있는 문화

연대 대표와 만나게 되었다. 그리고 그 자리에서 바로 9월부터 문화연대와 천막카페가 격주로 토요문화제를 주관하기로 했다.

그런데 집에 와서 곰곰이 생각해보니 아무래도 토요일은 무리가 될 게 분명했다. 일반인들이야 토요일이 쉬는 날이지만 목사들에게 토요일은 주일을 준비해야 하는 날이다. 천막 카페를 책임지고 있는 동역자 대다수가 목회자이기에 아무래도 협력할 만한 사람을 찾기 어렵겠다는 생각이 들었다. 기독교인들을 행사에 동원하는 일도 쉽지 않아 보였다. 토요문화제는 여러 단체의 공동마당이다. 거기에 굳이 나까지 끼어서 자리를 차지할 필요가 있을까 싶었다. 결국에는 회의에 참석했던 분들과 다시 논의를 해서 토요일에 집중된 문화제를 목요일에 나눠서 진행하는 것으로 합의를 보았다. 과거 엄혹한 군사독재 시절에 민중과 함께하는 목요기도회가 있었다. 우리는 그 정신을 이어간다는 마음으로 문화제를 목요일 저녁으로 정했다. 그렇게 해서 2015년 9월부터 목요문화제가 시작되었다.

광화문 광장에서 세월호 참사 이후 두 번째 봄을 맞았다. 곧 2주기가 다가온다. 목요문화제 광장신학 기획팀은 2주기에 어떤 주제를 놓고 나눌지에 대해 토론을 벌였다. 고심 끝에 2주기 주제는 "세월호 이후 한국교회를 돌아본다"로 정했다. 1부와 2부로 나눠 세월호 참사가 주는 질문을 던지고 그 질문에 답하는 형식으로 준비하기로 했다. 세월호 희생자 가족 가운데 기독교 신앙을 가지고 있다

 제1부 고난당하는 이웃의 친구, 천막카페 이야기

가 지금은 교회를 떠난 사람들이 꽤 있다. 그들이 교회공동체를 등지고 떠난 것이야말로 한국교회를 향한 날 선, 그러나 피할 수 없는 질문이라고 생각했다. 이와 관련한 내용을 정리하기 위해 기획위원 두 명이 희생자 가족들을 수차례 만났다. 그 자리에서 유가족들의 애끓는 이야기를 들은 그들은 함께 울지 않을 수 없었다.

희생자 가족들은 한국교회가 세월호 참사 희생자에게 함부로 하나님의 뜻을 적용하는 말에 큰 거부감을 느끼고 있었다. 특히 하나님께서 우리 사회의 죄를 묻기 위해 아이들을 희생양으로 삼았다는 주장에 강한 거부감을 가지고 있었다. 이런 말들에 상처를 받아 많은 사람이 신앙을 잃었고 그들 중 상당수는 교회 공동체를 떠났다. 예은이 엄마 박은희 전도사는 사고가 일어난 직후 희생자 예배 모임에서 예배를 시작하기 전 짐승처럼 울부짖던 한 엄마의 사연을 전해주었다. 그날 이 모임에 설교하러 오신 대구 지역의 한 목회자는 통곡하던 그 엄마에게 이렇게 말했다고 한다. "이제 그만 울고 다시 행복해졌으면 좋겠습니다." 언뜻 보면 위로의 말처럼 들린다. 하지만 현장에서 그 말을 함께 들었던 예은이 엄마는 "큰 위축감이 몰려왔다"고 말했다. "슬픔을 억지로 가로막는 것에 대한 답답함과 부담감이 밀려왔다"고도 했다. 물론 목사 입장에서는 예배를 진행하는 데 차질이 빚어질까 걱정이 되어서 부탁한 말이었겠지만, 희생자 가족들에게는 교회의 이런 정서와 태도가 큰 부담으로 작용하는 것이 사실이다.

억울하게 희생당한 피해자들에게 일방적으로 슬픔을 참으라고 하는 것이 과연 좋은 신앙인가? 한국교회는 상처 입고 슬퍼하는 사람의 절규를 외면하고 무조건 "잠잠하라!"고 말하기보다 이 사회에 만연한 불의를 바로잡고 진실 규명과 책임자 처벌로 진정한 치유를 도와야 한다. 피해자가 엄연히 존재하는 데도 억울한 사정을 외면하고 추상적인 말로 위로를 베푸는 것은 기만이자 위선이다. 무작정 "하나님의 뜻이 있겠지!"라는 공허한 논리로 진실을 회피하는 것은 결코 하나님의 뜻이 아니다. 하나님의 뜻은 고아와 과부, 나그네와 가난한 자 같은 사회적 약자들을 보호하고 위로하는 것이다. 세월호 참사 희생자 가족들을 위로하고자 한다면 무엇보다 진실을 밝혀내야 한다. 사건의 진실이 밝혀진 다음에야 용서와 화해, 그리고 치유가 가능하다.

다행히 그날 예배모임에서 설교를 맡은 목사가 설교 중에 이런 말을 했다고 한다. "세상을 떠난 아이의 생일을 맞아 울부짖는 엄마의 울음을 들으면서 나는 하나님이 통곡하시는 소리를 들었습니다." 나는 이 대목이 매우 중요하다고 생각한다. 하나님께서는 약한 자의 눈물을 외면하지 않으시고 그들의 슬픔 가운데 함께 거하시는 분이다. 세월호 참사 희생자들과 그 가족을 바라보시는 하나님의 아픔이 아이를 잃은 엄마의 아픔보다 못할까? 과연 하나님이 자식을 잃은 엄마의 통곡을 시끄러운 소음으로 간주하실까? 절대 그렇지 않다. 나는 그 엄마가 대성통곡했을 때 하나님께서도

     제1부 고난당하는 이웃의 친구, 천막카페 이야기

함께 슬피 우셨을 것이라고 믿는다. 만일 우리 하나님이 이런 분이 맞다면, 세월호 참사 희생자 가족의 고통과 슬픔을 외면한 상당수 한국교회는 십자가에서 세상의 고통에 동참하신 하나님의 아픔과 눈물을 외면한 것이다. 예은이 엄마는 이렇게 말한다. "현장에 나가서 하나님을 만나는 것은 예배당 안에 앉아서 텍스트를 통해 얻는 감흥과는 전혀 다릅니다. 이제 우리도 이러한 간극을 뛰어넘어야 해요." 그녀는 이어서 말한다. "하나님의 응답은 현장에 있습니다. 절망하고 아파하는 내 동료가 바로 하나님이 주신 응답입니다." 세월호 광장은 인간의 고통과 하나님의 고통이 서로 만나는 장소다. "내가 진실로 너희에게 이르노니 이 지극히 작은 자 하나에게 하지 아니한 것이 곧 내게 하지 아니한 것이니라"(마 25:45). 예수 그리스도는 우리가 상처 입은 연약한 사람을 어떻게 대하는지 눈여겨보신다.

2016년 2월 강화도에서는 교회2.0목회자운동 '목회자 신학생 수련회'가 있었다. 수련회 전체 주제는 "콜라보레이션(Collaboration)! 신학이 실천을 만나다"였다. 신학이 실천적 행동으로 나타난 사례 중 광화문 세월호 광장에서 봉사하는 천막카페를 빼놓을 수 없을 것이다. 그래서 고난의 현장에서 신학을 실천한 사례로 천막카페 사역을 소개할 기회가 내게 주어졌다. 나는 참가자들에게 천막카페 사역을 시작한 계기와 진행과정 전반을 간략히 설명한 후에 질문을 받았다. 한 참석자가 "천막카페는 기독교 사회활동단체로 시작한 것인가요? 아니면 교회 사역으로 시작한 것인가요?"라고 물었다. 내 대답은 명확했다. 나는 처음부터 교회 사역을 전제로 이 일을 시작하였다. 특히 지나치게 예배당 안에 갇혀 있는 소위 복음주의권 교회들을 고난의 현장으로 안내하는 가교 역할을 하고 싶었다.

2016년 2월 16일 교회2.0목회자운동 목회자 신학생 수련회에서 나는 천막
카페 사역을 소개하였다.

이 대화의 실마리는 2014년 4월로 거슬러 올라간다. 친구 최헌
국 목사와 만나 대화를 나누던 중에 우리는 이 사회에서 고난당하
는 이웃을 위해 복음주의권 교회들이 어떤 움직임을 보일 수 있
을지에 대해 이야기하게 되었다. 최 목사는 나를 고난의 현장으로
안내했고, 나는 고난의 현장과 지역 교회를 어떻게 연결할지를 심
도 있게 고민하기로 했다. 그것은 세월호 참사가 내게 부여한 새
로운 소명이었다. 그로부터 넉 달 후 최 목사는 나를 광화문 광장
으로 안내했다. 그의 인도로 나는 광화문 광장에서 천막카페를 시
작하였고, 천막카페 사역은 짧지만 아주 강렬하게 첫 시즌을 마감
했다.

　　당시 우리는 천막카페에서 새로운 사역의 가능성을 보았다. 집회 현장에서 커피 봉사가 의외로 큰 역할을 할 수 있음을 피부로 느낀 것이다. 사실 커피 사역은 교회 입장에서 아주 익숙한 문화가 아니던가. 커피 봉사를 시작하기 전에는 이 일이 흡사 전쟁터와 같은 세월호 광장에 전혀 어울릴 것 같지 않았지만, 막상 첫 시즌을 경험해보니 그런 곳일수록 이 사역이 더욱 요긴하다는 결론이 나왔다. 세월호 광장은 항상 물이 필요한 곳이다. 여름에는 시원한 냉수가 필요하고 겨울에는 따뜻한 온수가 필요하다. 또한 거칠고 살벌한 광야 같은 곳이기에 좀 더 부드럽고 인격적인 접근법이 필요하다. 천막카페는 종교적인 방식이 아닌 '카페'라는 문화적 방식으로 사람들과 흉허물 없이 만났고 그로 인해 상당한 호감을 얻었다. 만일 천막카페가 종교적 접근 방식을 택했다면 필경 목회자 주도형이 되었을 것이다. 하지만 문화적 방식으로 접근했기에 모든 사람이 참여할 수 있었다. 나아가 매일 시간을 정해 잠깐 방문하는 방식이 아닌 광장에 상주하는 방식을 택했고, 행사를 지원하는 방식이 아닌 광장에서 생활하는 것을 돕는 방식을 고집한 것도 첫 시즌이 성공을 거둔 중요 요소일 것이다. 나는 교회2.0목회자운동 실행위원회에 천막카페 시즌 1을 보고하면서 천막카페를 통한 새로운 가능성에 대해 설명하였다. 그리고 교회가 우리 사회 고난의 현장을 어떻게 섬길 수 있을지에 대한 일종의 매뉴얼을 정립하는 차원에서 천막카페 시즌 2를 대비하기로 했다.

한국사회에서 소외되고 그늘진 곳을 찾아 붙박이로 봉사하는 기독교 단체들은 생각보다 많지 않다. 우리 사회에서 끊임없이 발생하는 수많은 문제를 일일이 쫓아다니며 챙기기에는 이 단체들이 갖고 있는 역량의 한계가 분명하다. 절대다수의 기독교 시민 단체들은 거기 속한 소수 활동가들의 헌신으로 운영된다. 열악한 재정과 과중한 사역을 사명감 하나로 묵묵히 감당하고 있는 것이다. 헌신이라는 이름으로 그들은 너무 많은 일을 하고 있다. 자연스레 힘이 분산되고 지칠 수밖에 없다. 이에 비해 지역 교회들은 얼마나 많은가. 한국사회 안에 개신교 교회는 모두 5만여 곳이 넘는다고 한다. 엄청난 숫자가 아닌가. 그렇지만 교회가 이 사회의 어두운 곳을 위해 어떤 일을 하고 있는가. 교회가 갖고 있는 힘을 오로지 예배당 안에서만 소진하고 있지는 않은가. 교회는 사회의 그늘진 영역을 위해 헌신해야 마땅하다. 따라서 새로운 운동 단체를 만드는 것보다는 현존하는 지역 교회들을 적절히 연결하여 그들이 가진 잠재력과 자원을 사회에 내놓게 하는 일이 필요하다. 어떤 면에서는 이미 준비된 교회들이 많다. 교회는 공동체 안에서 서로 사랑하고 섬기는 문화가 잘 발달된 곳이 아니던가. 이런 정서와 문화가 고난의 현장과 연결된다면 분명 엄청난 효과를 발휘할 수 있을 것이다.

그렇다면 무엇이 문제인가? 우선 신학적 편협함을 지적하지 않을 수 없다. 담임목사가 교회와 사회를 이원론적으로 나눠놓고 신자들에게 세속의 일에는 관심을 끄고 오직 교회 일에만 힘을 쏟는 것이 신앙이라고 가르치는 것이 큰 문제다. 그런 목사의 지도를 받는 교회는 도심 속 게토 공간으로 화석화되어갈 것이다. 하지만 한국교회 안에 이런 교회만 있는 것은 아니다. 십자가에서 자신을 바친 그리스도의 마음으로 세상을 품고 하나님의 사랑을 흘려보내려는 교회도 많이 있다. 그들이 고난의 현장에 참여하지 못하는 것은 이곳에 대한 실질적인 '정보'가 없기 때문이다. 또한 이들에게 각 고난의 현장에 맞는 적절한 봉사 '방법'을 알릴 필요도 있다. 나는 이 두 가지가 해결되면 고난의 현장을 찾는 교회들이 지금보다 훨씬 더 많아질 것이라고 생각한다.

세월호 참사 이후 한국교회가 대면한 질문은 "교회가 과연 우는 자들과 함께 우는가?"이다. 이 질문에 답을 하려면 구체적인 사례가 필요하다. 천막카페는 그 질문에 대한 한 가지 답이다. 천막카페는 교회가 고난당하는 이웃과 함께하는 방법에 대해 고민하던 중에 탄생했다. 이 작은 모임은 유능한 활동가가 아닌 교회 공동체가 지닌 가능성에 주목하면서 시작되었다. "그러나 너희는 택하신 족속이요 왕 같은 제사장들이요 거룩한 나라요 그의 소유가 된 백성이니, 이는 너희를 어두운 데서 불러내어 그의 기이한 빛에 들어가게 하신 이의 아름다운 덕을 선포하게 하려 하심이라"(벧전 2:9). 여기서 "너희"는 교회를 가리킨다. 교회는 예수 그리스도 안에서 구원을 베푸시는 하나님이 얼마나 아름다운 분인지를 세상 앞에 드러내야 한다. 특별히 극한 고난의 현장에 함께하시는 하나님의 인애와 긍휼을 증거해야 한다. 교회가 그 일을 하지 않는다면 도대체 누가 그 일을 하겠는가. 이제 교회가 나설 차례다.

   제1부 고난당하는 이웃의 친구, 천막카페 이야기

❋ 4.16 이후, 희망찬교회

희망찬교회는 백여 명 남짓 모이는 교회다. 재정적인 자립은 했지만 결코 큰 규모의 교회는 아니다. 대부분의 성도가 함께 신앙생활한 지 10년 이상이 넘은 까닭에 세월호 참사가 일어나기 전까지만 해도 우리끼리 알콩달콩 잘 지내던 행복한 공동체였다. 하지만 이런 안정성은 2015년에 완전히 박살 나고 말았다. 오랫동안 함께 신앙생활을 했던 지체들이 하나둘 공동체를 떠나는 일이 발생했기 때문이다. 표면적인 이유는 "목사가 교회를 자주 비운다"는 것이었지만 그 이면에는 좀 더 개인적인 다른 이유들도 있었다. 아무튼 목사에 대한 불만이 공동체 내에 균열을 가져왔고 결국 이탈하는 지체들이 발생했다. 사실 어느 교회든지 크고 작은 갈등은 존재한다. 어떤 갈등은 시간이 해결해주는 반면 어떤 갈등은 시간이 흐를수록 증폭되는 경향이 있다. 우리 교회의 경우 갈등이 커진 것은 목사의 사회참여에 대한 해석의 '차이' 때문이었다. 목회자의 사회참여를 목회적인 영역으로 보아야 하는가, 아니면 외도로 보아야 하는가? 어디까지가 목회이고, 어디서부터가 외도인가? 교우들은 이 지점에서 분명한 인식의 차이를 드러냈다. 대다수 교우는 세월호 참사 희생자 가족을 돕는 일에 적극 찬성하였다. 하지만 일부 교우들의 생각은 달랐다. 노골적으로 반대한 것은 아니었지만 목사의 부재를 지적하며 사실상 반대 의사를 분명히 했다. 아마 이런 반대의 배경에는 목사가 교회 공동체의 합의 없이 독단적으로 행동한 데 대한 문제의식이 자리하고 있었을 것이다. 따라서 이들의 문제 제기는 상당수 정당하다. 당시 나는 공동체의 동의를 구하지 않고 분명 독자적으로 행동하였다.

세월호 참사가 일어난 직후 나는 다소간 충동적인 사람으로 돌변했다. 나는 평소 사회참여에 대해 깊이 고민하고 체계적으로 학습한 사람이 아니다. 그러다가 느닷없이 세월호 참사가 벌어졌고, 그냥 욱하는 마음에 광장으로 나가게 되었다. 2014년 4월 16일에 벌어진 참사는 지금 생각해도 치가 떨린다. 내게는 "행동해!" 이 한마디면 충분했다. 정부나 해운 관계자들이 조금만 더 민첩하게 움직였더라면 희생자들 대부분은 다 살 수 있었다. 그런데 그들은 "가만히 있으라!"는 방송을 해놓고 자기들만 쏙 빠져나갔다. 수백의 학생들이 배 안에 갇혀 서서히 죽어가는 것을 방송을 통해 지켜보면서 나는 너무 화가 나서 참을 수 없었다. 시신 수습 과정에서 밀랍처럼 굳어진 사체를 향해 잠수사가 "엄마 보러 올라가자!" 하

　　　　제1부 고난당하는 이웃의 친구, 천막카페 이야기

면 창틀에 끼어 있던 시신이 스르르 빠져나왔다는 기사를 읽고 얼마나 울었는지 모른다. 마지막 순간까지 처절하게 엄마를 부르며 죽어갔을 아이들, 그 아이들이 그 끔찍한 상황에서 얼마나 엄마가 보고 싶었을까? 세월호 참사가 일어난 후 나는 한동안 마음이 도무지 진정되지 않았다. 당시에는 거의 하루 종일 세월호 사건만 생각했던 것 같다. 그러니 충동적으로 행동할 수밖에 없었다.

나는 당연히 고난당한 이웃의 편에 서야 한다고 생각했다. 그것이 하나님 나라에 합당한 행동이라고 믿었다. 이 문제를 두고 교우들과 구체적으로 논의하지는 않았지만 그간 설교를 통해 나누었던 생각만으로도 충분할 것이라고 판단하였다. 하지만 모두가 내 생각과 같지는 않았다. 결국 교회는 한바탕 홍역을 치러야 했다. 만일 그때 내가 세월호 참사 희생자 가족을 돕는 일 대신 목회에 전념했다면 우리 공동체는 훨씬 더 편안했을 것이다. 하지만 결과적으로는 그렇지 못했다. 2015년 한 해 동안 내가 받았던 비난은 지금껏 살아오면서 들었던 그 어떤 비난보다도 더 나를 힘들게 했다. 그렇게 심한 비난은 난생처음이었다. 광장 사람들 가운데도 나를 욕하는 사람이 있었다. 그런데 그들의 말에는 억울하다는 생각이 들기보다는 그냥 저절로 참아졌다. 오랜 시간을 함께했던 지체들에게 받은 비난에 비하면 아무것도 아니었기 때문이다. 어쩌면 이럴 때 "모든 일이 합력하여 선을 이루었다!"라고 말하는지 모르겠다. 큰 비난을 경험한 사람에게는 작은 비난이 그럭저럭 견딜 만하다. 가까이 있는 사람에게 비난받은 사람은 멀리 있는 사람의 비난에는 그다지 신경을 쓰지 않는다. 언젠가 한번은 천막카페 봉사자들과 이야기를 나누다 "욕 연단을 많이 받아서 그런지 이제 웬만한 욕에는 내성이 생겼다"고 말한 적이 있다. 가볍게 웃자고 한 말이었지만 실은 쓰라린 경험에서 우러나온 말이었다. 그동안은 욕먹는 것을 못 견뎌 했다. 어쩌다가 누군가에게 비난을 받은 날에는 억울하고 분한 마음에 밤새 뒤척거렸다. 하지만 이제는 어지간한 욕은 참을 만하다. 아마 나도 모르는 사이에 내 내면이 전보다 조금 더 단단해졌나 보다. 천막카페가 내게 남긴 또 하나의 선물이다.

광장 사람들은 내가 편안하게 목회하는 줄로만 안다. 교회의 전폭적인 지원 속에 천막카페를 여유롭게 운영하는 줄 아는 것이다. 내가 좀처럼 속내를 드러내는 법이 없기 때문이다. 종종 천막카페에서 맞은편 분향소를 바라보면 가장 먼저 304명의 희생자 사진이 눈에 들어온다. 그 사진들은 몇 번을 봐도 부담스럽다. 사진 속에 있는 희생자들의 얼굴을 바라보면 어느덧 눈시울이 뜨거워진다. 그러다 자기 자녀들의 영정 사진 앞에서 추위에 떨며 분향소를 지키는 부모들을 보면 또 한 번 가슴이 미어진다. 저분들이 아이들이 얼마나 보고 싶을까 생각하면 안쓰럽고 속상해서 견딜 수 없다. 그렇게 그들을 보고 있노라면 내 목회적 어려움은 별것 아니라는 생각에 참고 또 참게 된다.

이런 내 마음을 이해해주는 자매들이 있다. 내가 광장에 나가

     제1부 고난당하는 이웃의 친구, 천막카페 이야기

지 못하는 날에도 매일같이 그 자리를 지키는 자매들로 인해 나는 많은 위로를 받았다. 그들이 모두 희망찬 가족은 아니지만 그들은 진정으로 내가 하는 일을 이해해주고 내 진심을 알아주었다. 그 덕분에 나는 어렵고 외로운 순간들을 잘 이겨낼 수 있었다. 만일 그들마저 없었다면 내가 버틸 수 있었을까? 자신할 수 없다. 내 진심을 알아주는 몇 사람이 내게는 주님이 주시는 위로의 음성이었다. 그래서 종종 나 자신에게 "이것으로 충분해! 더 바랄 게 없어!"라고 스스로를 토닥이곤 했다. 천막카페를 시작하고서 가장 힘들었던 것은 피곤한 몸이 아니라, 가장 소중한 공동체와의 갈등이었다. 그런데 가장 큰 위로 역시 공동체로부터 왔다. 지금 나는 행복하다. 내가 하는 일이 스스로를 마케팅하기 위한 꾸밈이 아니라, 고난당하는 자들을 향한 가슴에서 우러나온 섬김이라는 것을 알아주는 지체들이 있기 때문이다.

2015년 12월 13일 주일은 내 기억 속에서 오랫동안 잊히지 않을 것 같다. 교회 내의 소모적 논쟁을 종식시키기 위해 나는 전 교우들에게 '공개 대화'를 제안하였다. 대화 중에 몇몇 지체들은 목사의 부재가 교회에 얼마나 치명적이었는지를 알려주었다. 중간중간 다소 격양된 어조의 발언이 오가기도 했지만 참석한 교우 모두 공동체를 다시 회복해야 한다는 마음을 공유하고 있었다. 개중에는 교회 외부 봉사에 대한 찬성 의지를 분명하게 밝힌 교우도 있었다. 대화를 마칠 무렵 한 자매가 목사의 외부 사역에 대한 교회 입장을 공식적으로 정하자고 제안했다. 나는 그 자매의 제안을 받아들여 교우들에게 이 문제를 어떻게 생각하느냐고 물었다. 참석자 대다수는 "목사의 외부 사역은 문제가 없다!"고 대답했다. 사실 나와 우리 교우들의 끈끈한 신뢰와 정을 생각하면 그다지 놀라운 결론은 아니었다. 그럼에도 그날의 결정은 매우 중요한 의미를 지녔다. 세월호 참사 이전에도 나는 종종 외부 사역을 감당했었지만 그것 때문에 문제가 된 적은 한 번도 없었다. 하지만 천막카페 사역은 달랐다. 이는 세월호 참사가 우리 사회와 교회에 던지는 질문이 결코 가볍지 않다는 의미다. 세월호 참사는 여러 요소가 복잡하게 얽혀 있는 예민한 사건이다. 다양한 정치적·신앙적 입장을 갖고 있는 교우들 입장에서도 목사의 선택을 무조건 믿고 따르기가 어려웠을 것이다. 그래서 더더욱 교회적 합의가 필요했다. 그날의 공개대화에 이어, 2016년 1월 교인총회에서는 교회 안에 다섯 개의 직능별 목장을 두어 교회가 사회선교적인 목적을 가지고 봉사하도록 모든 교인이 합의했다. 세월호 참사는 한국교회에 엄중한 질문을 던졌다. 한국교회는 우는 자들과 함께 울 수 있는가? 한국교회는 우리 사회에서 하나님의 정의를 실천할 의지가 있는가? 고난당하는 이웃의 곁에 머무를 수 있는가? 우리 교회에서는 이 질문에 대한 대답이 '직능별 목장'의 형태로 나타났다.

✸ 직능별 목장

황영익 목사는 『레슬리 뉴비긴과 칼빈의 선교적 대화』(드럼북, 2015)
에서 이렇게 말한다. "궁극적으로 교회는 그저 '교회'라는 표현만
으로 충분하다. 예수 그리스도의 교회는 그 앞에 다른 수식어를 필
요로 하지 않는 실체이기 때문이다. '교회'라는 개념 앞에 '선교
적'(Missional)이라는 단어를 첨가하여야 하는 것은 교회의 복음
증언이 힘을 잃게 된 선교실종 혹은 복음실종의 상황을 뼈저리게
반영하고 있다." 그의 주장처럼 교회는 그 자체가 선교적이다. 물
은 흐르면서 저절로 자정능력이 생긴다. 선교적 본질을 가진 교회
도 공동체 자체의 단결만으로는 건강해지지 않는다. 오히려 교회
가 세상과 긴밀히 소통하며 다양한 방법으로 사회의 필요에 부응
할 때 비로소 건강해질 수 있다. 나는 이런 소통과 선교적 책임에
대해 고민하면서 기존의 목장과 다른 개념의 목장을 구상하였다.
그것이 바로 직능별 목장이다.

우리 교회 안에는 그리스도인으로서 이미 미셔널하게 행동하고 있는 사람들이 몇몇 있었다. 그들은 자연스럽게 복음적인 사명과 삶을 공유하고 있었다. 아주 거창하지는 않았지만 선교적 삶을 실제로 살아가고 있었던 것이다. 나는 그것을 '선교적 목장'이라는 주제로 정리해봤다.

최근 미셔널처치(missional church), 즉 선교적 교회에 대한 연구와 시도가 활발하다. 선교적 교회는 단순히 '선교사를 파송하여 선교하는 교회'라는 좁은 의미가 아니다. 이 사상은 영국 태생의 인도 선교사였던 레슬리 뉴비긴(Lesslie Newbigin, 1909-1998)으로부터 시작되었다. 미셔널처치 운동에서 선교는 "삶의 모든 영역에서 모든 방법으로 복음을 나누는 일상"이다. 일상이 곧 선교가 되어야 한다는 얘기다. 일상의 삶이 선교가 되려면 그 일상이라는 문화 속에 복음이 배어 있어야 한다. 미셔널처치 운동을 했던 미국의 그리스도인들은 '복음과 문화 네트워크'(Gospel and Our Culture Network)라는 단체를 만들었는데, 이 단체의 명칭이 '미셔널처치' 운동의 핵심을 보여준다. 그것은 '복음'이 '일상'이라는 '문화' 속에서 자연스럽게 흘러가게 하는 것이다.

당시 내 관심은 전체 교회보다는 개별 목장에 있었다. 곧 '선교적 목장'이 잘 운영되어야 전체 교회가 바른 방향으로 나아갈 수 있다는 마음이었다. 선교적 목장을 꿈꾸면서 혼자 끄적거렸던 글도 있다. "너와 내가 모여 숲을 이루자. 성을 쌓지 말고, 새들의 노래와 시원한 나무 그늘과 쉼이 있는 숲을 이루자. 숲은 나무들의 아지트가 아니다. 숲은 또 다른 너와 내가 만나는 교제의 장이고 숲을 주신 주인의 아름다움을 누리는 체험의 장이다. 숲은 나무들이 쌓은 성이 아니다. 나무들이 만든 마당이다." 목장이 우리 교회만을 위한 닫힌 성이 되어서는 안 된다. 또 다른 우리들을 위한 열린 마당이 되어야 한다.

여름내 구상했던 선교적 목장은 가을부터 시작되었다. 이로써 2015년 11월을 기점으로 희망찬교회 안에는 두 종류의 목장이 구성되었다. 우리는 기존의 목장을 '말씀 나눔 목장'이라 부르고, 사회선교를 목표로 하는 목장은 '직능별 목장'이라 부르기로 했다. 직능별 목장은 시민사회와의 소통을 중요하게 여기며 문화적 접근을 통해 교회의 공적 책임을 구현하는 것을 목표로 한다. 즉 우리 교회 안에 이미 존재하던 나눔과 섬김의 문화를 외부 세계와 연결한 것이다. 곧 이미 존재하던 교회 내 조직에 사회선교적 기름을 부었다고 할 수 있다. 직능별 목장을 고난의 현장과 연결하는 고리는 천막카페다. 우리는 다섯 개의 직능별 목장, 곧 광야생수, 실전사, 천국의 밥상, 찾아가는 희망카페, 수다북스(Books)로 이 사역을 시작했다.

'광야생수'는 광야와 같은 세상에서 생수의 역할을 감당하자는 취지로 붙인 이름이다. 이 목장은 2014년 8월부터 광화문 세월호 광장에 세워진 천막카페 봉사에 참여하고 있는 자매들로 구성되었다. 이들은 주로 천막카페의 요일별 붙박이 봉사에 참여하면서 다른 직능별 목장을 봉사가 필요한 현장에 직접 연결시키는 일을 한다. '실전사'는 실제로 전하는 주의 사랑이라는 의미다. 우리 교회의 모임 중에는 뜨개질 반이 있는데, 한 자매의 주도로 8년 전에 시작한 이 모임은 주로 토요일 낮에 모이며, 교인보다 지역 주민의 수가 더 많은 게 특징이다. '실전사'는 이 모임의 멤버가 주축이 되었다. 이들은 2015년 성탄절 선물로 손토시를 만들어 성미산 마을의 세월공감, 풀뿌리 시민네트워크 강남 서명지기, 광화문에서 서명을 받는 진실마중대와 나누었다. 소소한 선물이었음에도 모두들 좋아해주었다. 2015년 천막카페에서는 봄과 여름에 걸쳐 광장에 상주하는 아빠들과 주요 봉사자들에게 식사를 제공하였다. 이때 음식을 배달하고 차리는 일은 광야생수 멤버들이, 음식 준비는 '천국의 밥상' 멤버들이 하였다. '천국의 밥상'은 교회 애찬을 비롯하여 광장 식사 봉사, '예수님의 아이들'(COJ) 사역 지원과 지역 시설의 식사 봉사 등을 감당하고 있다. '찾아가는 희망카페'는 구리 지역에서 매월 1회 열리는 '더나누리'의 거리 공연을 지원한다. '수다북스'는 그리스도인의 사회적 영성과 교회의 사회적 책임을 놓고 고민하는 책 읽기 모임이다. 우리 교회는 이 모임을 통해 많은 대화를 나누었고 사실상 이 모임이 직능별 목장을 태동시켰다.

직능별 목장은 이미 존재하던 공동체 문화를 선교적 목적으로 전환한 것이다. 기존의 교회 조직을 선교적 목적으로 전환시키기 위해서는 고난의 현장과 연결하는 매개체가 필요하였다. 우리 교회의 경우에는 이 매개체가 천막카페였다. 직능별 목장의 의사결정 방식은 매우 단순하다. 교회가 추구하는 방향과 일치하면 구체적인 의사결정은 목장 멤버들에게 일임하는 구조다. 대신 자신의 목장에 속해 있지 않은 다른 지체들에게 부담을 주어선 안 된다는 암묵적인 규칙이 있다. 직능별 목장의 성패는 많은 부분이 리더에게 달려 있다. 이때 선교적 목장에 맞는 리더는 특정 프로그램에 의한 훈련으로 만들어지기보다는 대체로 자연스럽게 탄생한다. 교우들 중에는 특별히 선교적 성향과 은사를 가진 사람이 있다. 이런 사람은 비신자와도 잘 어울리며, 일을 무서워하지 않고 즐긴다. 게다가 주변 사람들을 하나로 묶는 재주까지 있다. 그래서 이들이 이끄는 모임은 기존의 봉사자들끼리 '성'을 쌓지 않고 새로운 봉사자들과 함께 '숲'을 이룬다. 요리에 비유하면 반죽을 잘하는 사람이다. 그러니 이들이 하는 일이 어떻게 잘되지 않을 수 있겠는가.

유감스럽게도 세월호 참사 희생자 가족들 가운데 이전에 기독교 신앙을 가졌던 분들이 사고 후 교회를 대거 떠났다. 희생자 가족들의 고통과 아픔을 공감하지 못하는 교회의 비정한 모습에 상처를 입어서다. 또한 권력자들에게는 온갖 아첨을 떨면서도 사회적 약자들에게는 아무렇지 않게 막말과 쓴소리를 내뱉는 목사들에게 실망했기 때문이다. 나는 근 2년 동안 천막카페 봉사를 하면서 단원고 2학년 7반이었던 영석 학생의 아빠와 꽤 많은 대화를 나누었다. 그는 이전에는 국회에서 노숙을 하며 농성하다가, 2014년 8월 교황 방문 이후부터는 광화문 세월호 광장에 상주하게 되었다. 나 역시 거의 비슷한 시기에 광화문 세월호 광장에 왔다. 우리는 서로 가장 힘든 시기를 한 공간에서 지냈다. 그는 단순하고 솔직한 사람이다. 나와는 친하게 지냈지만 개신교 목사들에 대한 감정은 매우 좋지 않았다. 그가 목사들을 싫어하는 데는 목사들의 막말이 결정적인 역할을 했다.

세월호 참사가 발생하고서 약 한 달 후에 한 기독교단체 임원회에서 나온 이야기가 매스컴에 소개되었다 "가난한 집 아이들이 수학여행을 경주 불국사로 가면 될 일이지, 왜 제주도로 배를 타고 가다 이런 사단이 빚어졌는지 모르겠다." 그 단체의 부회장이라는 사람의 입에서 나온 말이다. 영석이 아빠는 그 사람이 정말 목사가 맞느냐고 되물었다. 자식 같은 학생들이 죽었는데 그게 목사가 할 말이냐고 따졌다. 나는 입이 백 개여도 할 말이 없었다.

광화문 세월호 광장을 지키다 보면 별의별 사람들을 다 만나게 된다. 종종 광장 건너편에서 시위를 하는 사람들이 대표적이다. 그들의 메시지는 정부를 옹호하고 세월호 희생자 가족들과 봉사자들을 공격하는 내용 일색이다. 그중 가장 눈에 띄는 사람들은 십자가와 태극기를 들고 나타나 고래고래 소리를 지르는 정체불명의 기독교인들이다. 이 사람들은 광장을 향해 확성기를 크게 틀어놓고 소리를 지른다. "세월호는 물러가라! 빨갱이는 북한으로 가라!" 어느 날은 세월호 농성장을 향하여 손을 들고 일제히 큰 소리로 기도를 하기도 한다. 어떤 여성은 눈물 콧물이 범벅인 상태로 엉엉 울면서 기도를 한다. 아무리 생각해도 상식적으로 이해가 되지 않는 모습이다. 영석이 아빠는 이런 행동을 주도하는 사람이 과연 목사인지 의심스럽다고 말한다. 너무 궁금해서 진짜 목사인지 알아보고 싶단다. 그가 개신교와 목사들에게 반감을 갖는 것은 너무나 당연한 일이다.

영석이 아빠는 광화문 농성장에 상주하며 그곳을 지키는 유가족이다 보니 많은 사람이 그를 찾아온다. 그중에는 꽤 유명한 목사들도 있다. 영석이 아빠는 말한다. "솔직히 처음에는 기대하는 마음이 있었습니다. 교회는 좋은 일을 많이 하니까요. 더구나 목사들은 많이 배우고 수련을 쌓은 분들이라 뭔가 도움이 되리라는 기대감이 있었습니다." 하지만 그들의 방문은 단 한 번으로 끝났고 이후에는 아무 일도 일어나지 않았다. 그는 모든 것이 "보여주기 위한 쇼였다"고 말한다. "사진 찍으러 왔다"고도 말한다. 그의 지적이 틀리지 않다는 것을 나도 안다. 분명 희생자 가족을 위로하기 위해서가 아니라 자신의 '나와바리'에서 사람들에게 보여줄 그럴듯한 장면을 연출하기 위해 일부러 방문하는 사람들이 있다. 희생자 가족들은 이런 가식적이고 위선적인 방문에 지쳐 있다. 이들이 유달리 강퍅해서 예수님을 거부하는 것이 아니다. 신앙심이 부족한 까닭에 시험에 빠져 교회를 떠난 것도 아니다. 다만 고난당하는 자들에 대한 긍휼을 잃어버린 그리스도인들에게 실망했기 때문이다. 목마른 사람이 물을 거부할 이유가 있겠는가? 세월호 광장의 유가족들이나 봉사자들은 진정성을 갖고 찾아오는 그리스도인들이라면 언제든 환영한다.

그는 천막카페 봉사자들에게 변함없이 함께해줘서 고맙다고 말한다. 지난 2014년 8월부터 현재까지 광장에 상주하며 봉사하는

천막카페 붙박이 봉사자들과 함께 영화 "나쁜 나라"를 관람하였다.

일은 결코 쉽지 않았다. 매일 천막카페 봉사를 지속해올 수 있었던 것은 선한 양심을 가진 신실한 '붙박이'들의 봉사 덕분이었다. 최순희, 차경주, 서동진 세 사람은 처음부터 지금까지 꾸준히 천막카페 봉사에 앞장서왔다. 그 외 여러 봉사자의 수고가 밑거름이 되었다. 천막카페 봉사를 꾸준히 지켜봐온 영석이 아빠의 "고맙다"는 한 마디에 그날 나는 큰 위로를 받았다. 그는 입버릇처럼 그리스도인들이 부디 끝까지 함께해주기를 바란다고 말한다. 내게 끝까지 함께해달라고 부탁하면서 지금은 비록 개신교가 싫지만 먼 훗날 자신이 종교를 갖게 된다면 그것은 아마도 개신교가 될 것 같다고도 말한다. 나는 그에게 끝까지 함께하겠다고 약속하였다.

제2부

희생자 가족과의
대화

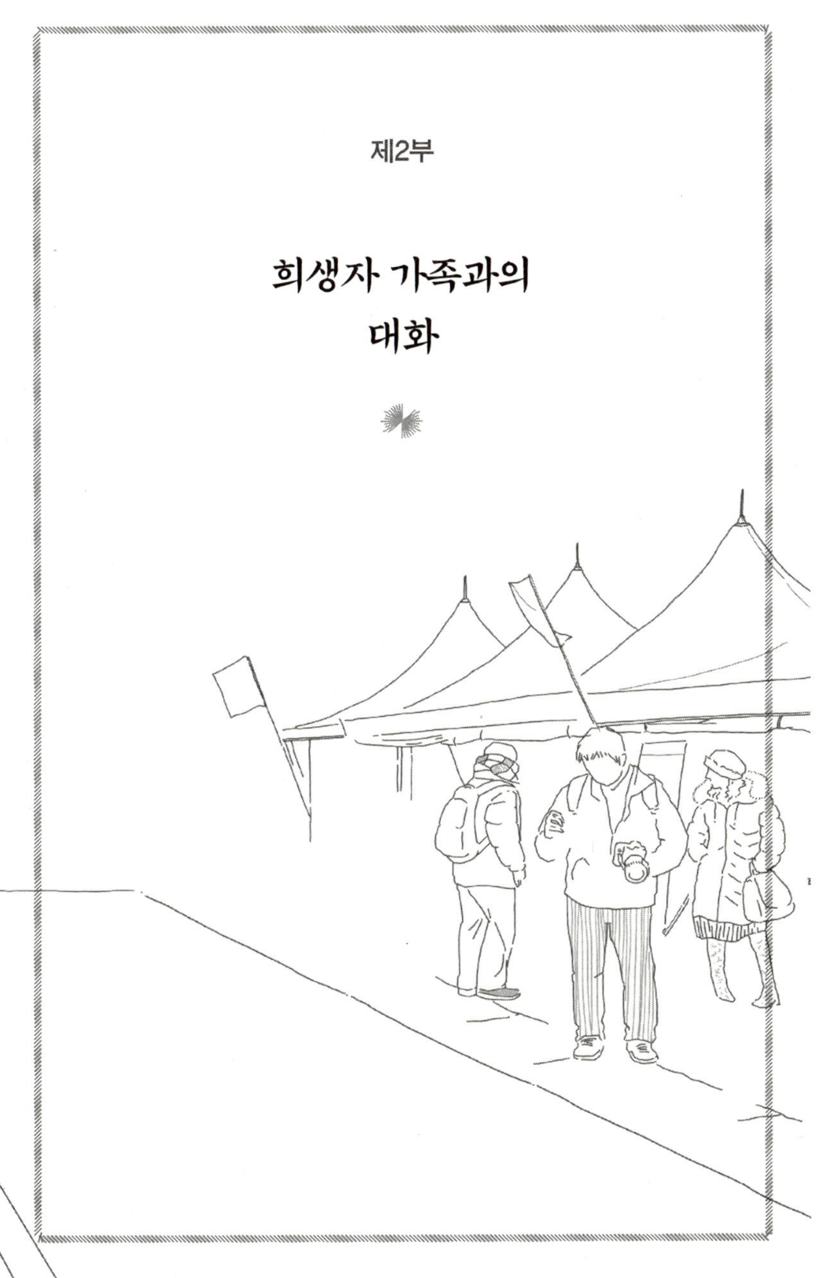

＊ 단원고 2학년 4반 고(故) 김동혁 군
어머니 이야기

동혁이 어머니가 광장에서 연사로 나서 말씀하는 모습을 몇 차
례 본 적이 있다. 거침없고 솔직한 모습이 매우 인상 깊었다. 동혁
이 어머니는 크라우딩펀드로 제작된 영화 "나쁜 나라"를 저희 마
을에서 상영할 때 남편과 함께 참석했었다. 금번에 인터뷰 때문
에 다시 연락을 드렸는데, 마침 우리 동네 가까운 곳에 와계셨다.
이번에 만나서는 그동안 언론에서 하지 못한 이야기까지 약 2시
간가량 대화를 나누었다. 사정상 여기 다 옮기지는 못하지만, 개
인과 가정의 애환, 사회에 대해 달라진 시선, 신앙과 교회 이야기
를 나누며 나는 이분들이 짧은 시간에 엄청난 변화를 겪었음을 알
게 되었다. 여전히 험악한 시간을 보내고 있으면서도 웃음을 잃지
않고, 고통 앞에서 내면이 황폐해지지 않게 하려고 무던히 애쓰
고 있는 것도 알게 되었다. 그녀는 본인의 삶도 힘들면서 어디선
가 고통을 당하고 있는 또 다른 이웃의 곁에서 힘이 되어주고 싶

어 했다. 인터뷰 내내 그녀의 따뜻한 마음이 느껴졌다(대담자 김성률 목사).

Q. 동혁이를 소개하는 영상편지를 만든다면, 어떤 말씀을 해주고 싶으신가요?

우리 동혁이는 이 세상에 와서 16년 4개월 15일을 살다 갔어요. 아빠는 종종 이날을 카운팅해요. 동혁이가 중학교 때부터 게임을 참 좋아했는데, 얼마나 게임에 빠져 있었는지 친구를 전혀 사귀지 못할 정도였어요. 그래서 동혁이는 중학교 때 친구가 거의 없어요. 사실 동혁이가 떠났을 때도 장례식장에 찾아올 친구들이 아무도 없었죠. 동혁이 친구들이 전부 고등학교 때 사귄 애들인데 세월호 참사로 모두 함께 떠났거든요. 우리 동혁이는 모태신앙이었고, 태어나서 하늘에 가는 날까지 교회를 빠진 적이 한 번도 없을 정도로 교회 생활에 열심이었어요. 한때는 게임에 너무 빠져서 핸드폰을 정지시켜야 할 정도였지만, 시간이 지나면서 점점 좋아져 고등학교 가서는 친구도 사귀고 나중에는 학교 경비 아저씨와 같이 밥을 먹고 오는 일도 있었어요. 길가다가 쓰레기가 있으면 시키지 않아도 먼저 줍는 착한 아이였죠. 저는 지금도 애 아빠와 그런 이야길 해요. "우리 동혁이는 날개만 달면 천사다." 그 정도로 착한 아이였어요. 역사에 관심이 많았는데, 특히 '전쟁사'를 좋아했지요. 애 아빠는 간담회 때

　　　　　제2부 희생자 가족과의 대화

마다 동혁이한테 미안한 점을 말해요. 첫째는 자기만의 방이 없었던 것이고요. 둘째는 이렇게 빨리 떠날 줄 알았더라면 그 좋아하던 게임을 실컷 하게 해줄 걸 하는 아쉬움이에요. 휴대폰을 안 사준 것도 애 아빠는 너무 미안해해요. 휴대폰에 너무 빠질까 봐 전화기 대신 MP3를 사줬거든요. 동혁이 시신이 물에서 나올 때, 손에 MP3를 쥐고 있더라고요. 그게 더 가슴이 아팠던 거지죠. 동혁이가 동생하고 다투면 오빠라는 이유로 동혁이를 더 혼내곤 했어요. 지금 생각하면 모든 게 다 미안하죠.

우리 동혁이는 엄마인 저와도 대화를 참 많이 했어요. 동혁이가 학교 끝나고 집에 오면 제게 항상 이렇게 말했어요. "엄마, 안 좋은 일이 있으면 다 제게 말씀해주세요." 동혁이는 우리 집에서 유일하게 매일 제 안부를 물어봐 주던 아이였어요. 제가 동혁이에게 "하나님이 정말 계시는 것 같니?"라고 물으면 "그럼요. 그런데 엄마 다시는 그런 질문하지 마세요. 너무 당연한 거잖아요"라고 답했죠. 한번은 밤 10시 20분에 책에 나오는 시 "귀촉도"에 대해서 함께 이야기한 적이 있어요. 지금도 그때 나눈 대화가 잊히질 않아요. 그날이 세월호 참사 딱 일주일 전이었어요. 문제집은 이 시가 "사랑하는 사람을 잃은 슬픔과 국가를 잃은 망국의 한" 중에 어느 것을 말하고 있는지에 대해 묻고 있었죠. 제가 동혁이에게 "넌 둘 중에 어느 것이 정답이라고 생각하니?"라고 물었어요. 그랬더니 "난 여자를 사귄 적이 없어서 잘 와 닿지 않는데, 이 시는 국가를 위한 것이 아닐까요? 그런데 엄마는 전쟁이 나면 국가를 위해 싸울 거예요?"라고 되묻는 겁니다. 그래서 제가 또 물었죠. "만약에 둘 중 하나를 선택해야 한다면, 너는 나라를 택할 거니? 여자를 택할 거니?" 그랬더니 "엄마는 어떻게 하실래요?" 하는 거예요. 그래서 제가 그랬죠. "엄마가 너라면, 나라를 택할 거 같아. 여자는 나중에 더 좋은 사람을 만날 수 있지만, 나라는 지켜야 할 때 못 지키면 영원히 잃어버릴 수도 있으니까." 그랬더니 자기도 나라를 지키겠다고 하더군요. 그런 말을 나눈 게 딱 참사 일주일 전이었어요. 그때 마지막으로 나눈 대화 내용과 지금 이 나라의 현실을 생각하면 더 마음이 아파요. 우리 동혁이는 정말 너무나 소중하고 사랑스러운 아이였어요. 엄마를 아주 좋아하는 아이였고, 엄마의 직장생활까지 걱정하고 챙겨주는 착한 아들이었죠.

Q. 말씀하기 쉽지 않으시겠지만, 세월호 참사 이후 가장 힘든 점은 무엇인가요?

개인적인 생각을 말해도 되나요? 이 질문에 그냥 한 여자로서 말하고 싶어요. 세월호 참사를 당한 피해자 가족 전체를 대변하는 대답 말고요. 솔직히 요즘 가장 큰 고민은 "앞으로 어떻게 살아야 할까"예요. 오해는 하지 않으셨으면 좋겠어요. 먹고사는 얘기가 아니라, 인생의 방향에 대한 얘기예요. 솔직히 제가 살

  제2부 희생자 가족과의 대화

면서 여지껏 꿈꿔온 건 지금과 같은 삶이 아니었잖아요. 유가족으로, 또 피해자로 살아가는 게 제가 그려온 인생은 아니거든요. 그동안 공인중개사 일을 하면서 정말 열심히 살았어요. 부동산 사무실을 14년이나 운영하면서 여러 번 옮기고 확장해서 여기까지 왔지요. 그러다 참사가 나고 1년 동안은 한 번도 출근을 못했어요. 일단 직원에게 사무실 운영을 맡겼지만, 말처럼 쉽지 않아 결국은 폐업을 하고 말았죠. 그렇게 경력이 단절된 거예요. 그동안 살아온 인생을 뒤돌아보니 작은 굴곡들은 있었지만 그래도 큰 흐름 안에서는 제가 계획했던 대로 하나씩 꿈을 이루어왔던 것 같아요. 그런데 그 모든 것이 하루아침에 다 바뀌어버렸잖아요. 50대 아줌마, 무직, 고(故) 동혁이 엄마, 희생자 가족, 이제는 이것이 제 이름이 돼버렸어요. 저희는 아직 보상을 받지 않았어요. 한번은 급하게 돈이 필요해서 은행에 대출 상담을 받으러 간 적이 있었는데, 창구 직원이 제 과거 경력을 보더니 "사장님, 사장님" 하면서 친절하게 나오더라고요. 그런데 조금 있다가 '무직'임을 확인하더니 갑자기 태도가 확 바뀌는 거예요. 마음이 너무 안 좋았어요. 안타깝지만, 이게 세월호 참사 희생자 가족들의 현실이에요.

Q. 혹시 지난 2년간 큰 어려움 가운데서도 나름 작은 힘이 되거나 위
   로가 되는 부분이 있으셨나요?

희생 학생들의 엄마 아빠들이 여전히 함께하고 있는 게 제일 감
사하지요. 혼자가 아니라는 사실, 함께하고 있다는 것이 정말 다
행스럽고 큰 힘이 됩니다. 그리고 저희를 진심으로 위로해주고
격려해주신 분들 모두가 큰 힘이 됐어요. 특별히 경기도 양평에
서 쌍둥이 자매를 키우는 문희정 양평바꿈세회장(학부모 모임)은
절대 잊을 수 없는 분이지요. 그분도 그리스도인이세요. 참사가
난 후 제일 먼저 찾아오신 분이죠. 자신의 집에 저희를 초대해주
셔서 그곳에서 하룻밤을 같이 보내기도 했어요. 이분의 쌍둥이
딸이 신체장애가 있는데 아이들을 키우면서 장애인에 대한 사회
적 편견과 행정적 무관심과 싸우던 중에 세월호 참사를 만난 거
예요. 제가 보기에는 그분의 상황도 만만치 않게 힘들 것 같은
데, 그분에게서는 그늘을 전혀 찾아볼 수가 없었어요. 오히려 너
무 밝고 긍정적이더라고요. 그때 느낀 게 '하나님은 감당할 수
있는 사람에게 시련을 주시는구나' 하는 것이었습니다. 자기 인
생도 힘들 텐데 세월호 참사가 나자 제일 먼저 저희들에게 곁을
내주신 분이 그분이세요. 안산 노란손수건 엄마들도 기억에 많
이 남네요. 5월 11일인가요? 아무것도 모를 때 안산문화제 집회
에 나갔어요. 그때만 해도 저희들은 모두 너무 두렵고 무서웠죠.
태어나서 처음으로 집회에 참여했으니까요. 그런데 그분들을

보니 우리와 같은 가정주부들인 거예요. 그중에는 생산라인에서 야간조로 근무하는 분도 계셨어요. 그분들이 지금까지도 저희를 안 떠나고 곁에서 함께해주고 계세요. 또 6.9카페를 안산에 만드셨는데 저도 가끔 거기에 가요. 그곳이야말로 저희가 마음껏 울 수도 웃을 수도 있는 공간이죠. 기독교 기관 중에는 신학대 학생들이 기억이 나요. 아마 성공회대가 가장 많이 왔던 것 같아요.

Q. 세월호 참사에 대한 한국교회의 반응을 보면서 하고 싶으신 말씀은 무엇인가요?

목사님들이 말하는 교회부흥이란 게 참 피상적이란 생각이 들어요. 교회가 추구하는 것이 눈에 보이는 게 전부인 것 같아요. 예배당마다 백화점처럼, 공연장처럼 잘 꾸며놓았지만 그 안에 있는 사람들을 진심으로 생각하지는 않잖아요. 화려한 건물에서 예배를 드리지만 실상은 쇼핑몰 같은 교회도 많고요. 단순히 사람이 많이 모였다고 해서 그곳을 교회라고 부를 수 있을까 싶어요. 저는 눈에 보이는 것이 다가 아니라고 생각해요. 목사님들이 설교를 통해 하나님께서 약하고 낮은 곳에 임한다고 말씀하잖아요. 교회가 하나님에 대해서 말만 하지 말고 실제로 그런 하나님을 좇아 살면 좋겠어요. 그리고 공평과 정의에 대해서 더 많이 생각하고 실천했으면 좋겠어요. 자신이 갖고 있는 것들 중에서 단지 일부를 찔끔찔끔 나눠주면서 그것으로 공평과 정의를 실천하고 있다고 착각하지 않았으면 좋겠어요. 정말 약하고 가난하고 억울한 자들을 긍휼히 여기시는 하나님을 믿는다면 그런 사람들 편에서 악한 구조를 뒤바꾸는 데 참여하고 헌신했으면 좋겠어요. 또 하나는 교회가 사람을 구분하거나 차별하지 않기를 바랍니다. 세월호 참사 희생자들 중에는 그리스도인만 있는 것이 아니라 비그리스도인도 있잖아요. 종교나 신앙 유무를 떠나서 모두가 아프고 서럽고 고통스럽지요. 교회가 정말 사랑의 하나님을 믿는다면 신자들, 그중에서도 자기 교인들만 위로하는 대신에 모든 희생자 가족들을 진심으로 보듬어주었으면 해요.

Q. 세월호 참사 이전과 이후에 본인의 신앙에 어떤 차이가 나타났는지요?

솔직히 저는 기복신앙을 가진 신자였어요. 저희 식구들이 건강하고 화목한 것이 저의 최대 관심사였고, 남편이 하는 일이 잘되는 게 중요한 평범한 주부였죠. 예전에는 자녀들의 미래 배우자를 위해 기도하라고 해서 그런 기도를 한 적도 많거든요. 그런데 지금은 절대 그런 기도 안 합니다. 대신 다른 기도를 하죠. 우리 교회에 혼자 나오는 고등학교 2학년 남학생이 있어요. 집안 형편이 많이 어려운 아이인데, 그 애를 볼 때마다 그 아이를

　제2부 희생자 가족과의 대화

위해서 진심 어린 기도를 드리게 돼요. 사고 이전에는 오로지 나와 내 가족만 쳐다봤는데, 지금은 주변을 보게 되네요. 또 예전에는 어려운 사람을 봐도 속으로 참 안됐구나 하고 그냥 지나쳤는데, 지금은 그 자리에 멈추게 돼요. 사고 이전과 이후의 가장 큰 차이점은 나만을 바라보던 시선이 주변과 이웃을 보는 시선으로 바뀌었다는 것입니다. 제 자신이 누군가의 시선과 도움이 필요한 자리에 서 보니 이런 변화가 생긴 것 같아요.

Q. 주변에서 세월호 참사를 두고 신앙적 해석을 할 때 가장 받아들이기 어려웠던 점은 무엇인가요?

"하나님이 필요해서 아이를 데려갔다"라는 말이었어요. 저는 이렇게 되묻고 싶어요. "우리 아이가 하나님께만 필요하고 부모에게는 필요 없는 건가요?" 우리 하나님께서는 사람의 머리카락도 다 세시는 분이라면서요? 내 마음을 다 아신다면서요? 저를 다 아신다면서 왜 제게 이런 시련을 주시는 건가요? 솔직히 처음에는 하나님한테 사기당한 기분이었어요. 왜 그런 느낌 있잖아요. 순식간에 도둑맞은 것 같은 느낌이요. 사실 한동안은 하나님께 많이 삐져 있었어요. 지금도 다 풀리지는 않았고요. 그렇지만 저는 이렇게 삐져 있는 저를, 하나님께서 사랑하신다는 걸 알아요. 저는 하나님이 하늘에서 우리 동혁이 곁에서, 동혁이 눈을 통해서 계속해서 저를 보고 계시지 않을까 생각해요. 혹시 하나님께서 저를 뺀질이라고 생각하실지도 모르겠네요. 제가 그리 모범적인 신앙인은 아니거든요. 하나님께 삐지기도 하고 때로는 눈을 흘기기도 하니까요. 하지만 저는 계속 그런 자녀로 살고 싶어요. 저는 하나님 앞에서만이라도 솔직해지고 싶어요. 하나님 앞에서조차 나를 포장하고 꾸미고 싶지는 않아요. 앞으로도 이해가 안 되고 혼란스러운 부분은 지금처럼 솔직하게 아버지께 질문을 던지면서 가고 싶어요.

Q. 광화문 광장은 희생자 가족들에게 어떤 의미가 있는 곳인가요?

한마디로 친구 같은 존재죠! 애초에 세월호 희생자 가족들이 광화문 광장에 둥지를 튼 이유가 대통령이 만나주지 않아서잖아요. 거기가 청와대와 가장 가까운 곳이니까요. 아이를 잃은 부모 입장에서는 광장에서 사람들이 즐겁게 시간을 보내는 모습을 보면 마음이 힘들 수밖에 없어요. 하지만 너무 진지하기만 하면 오래 싸우기 힘들잖아요. 또 시민들의 참여도 떨어지고요. 저는 광화문 광장이 희생자 가족들뿐 아니라 자원봉사자, 그리고 우리들의 아픔을 공감해주시는 모든 시민들의 공간이라고 생각해요. 우리를 위해 같이 울어주고 웃어주는 분들 모두의 공간인 거죠. 광화문 세월호 광장이 우리 모두에게 이 지난한 길을 함께 걷고 싸우는 동지 혹은 가족의 역할을 해준다고 생각해요.

       제2부 희생자 가족과의 대화

Q. 광화문 광장에서 봉사하는 천막카페에 대한 이야기도 해주세요.

저희는 광화문에 나갈 때마다 꼭 천막카페에 들려 커피를 마시곤 합니다(웃음). 천막카페에 들릴 때마다 모두가 활짝 웃으며 반갑게 맞아주니 참 편하고 좋아요. 천막카페는 누구나 편하게 들를 수 있는 열린 공간이잖아요. 그런 부분이 너무 좋아요. 우리 동혁이 아빠가 아들 생각이 나면 너무 힘들어해요. 어른이 그냥 막 엉엉 울어요. 동혁이 사진만 봐도 그렇고요. 그때마다 제가 그래요. "당신아 이러면 내 투쟁력이 떨어져. 우리도 남들이 웃을 때 웃고 남들이 잘 때 자고 밥 먹을 때 밥 먹으면서 어떻게든 잘 살자." 세월호 참사의 진실이 밝혀지고 희생자들의 명예가 회복될 때까지 잘 싸우려면 요즘은 무엇보다 우리 자신이 건강해야 한다는 생각이 더 들어요. 광화문 천막카페는 우리를 환대해줌으로써 상처받은 정서를 치유해주는 역할을 하는 것 같아요. 사람이 계속해서 긴장만 하고 살 수는 없잖아요. 중간중간에 웃고 쉬어야 오래오래 싸울 수 있는데 천막카페가 그런 역할을 해줘서 너무 감사해요.

Q. 현재는 어떤 식으로 신앙적인 도움을 받고 계신가요?

그전에는 교회가 전부였죠. 지금은 희생자 가족들 중 기독교 신자인 분들과 많은 교제를 나누고 있어요. 그 안에서 배우고 느끼는 부분이 참 많습니다. 희생자 가족들 가운데는 참사 이후에 기독교 신앙을 갖게 된 분들도 있는데 오히려 이런 분들이 신앙적인 이야기를 더 거침없이 하시는 것 같아요. 그렇지만 저는 오히려 제 신앙과 세월호 사고를 연결시켜서 생각하고 말하는 것이 더 조심스러워졌어요.

지금 다니는 교회를 출석한 지는 10년 정도 되었어요. 저 같은 경우는 사고 이후에 교회를 더 많이 생각하게 됐어요. 교회에 갈 때마다 빈자리를 보면 마음이 아프고, 그래서 교회를 위해 더 기도하게 되었죠. 예전에는 매월 2번 대표기도를 하는 것도 무슨 대단한 봉사를 하는 것처럼 생각했는데, 지금은 그저 묵묵히 열심히 출석하면서, 교회와 교인들을 위해서 간절히 기도하고 있습니다.

Q. 참사 전과 후에 달라진 하나님 상(像)이 있나요?

저는 신앙생활을 한 지 16년 정도 되었어요. 앞서 말했듯이 그동안 저는 큰 틀에서 보면 제가 계획한 대로 인생의 목표를 이뤄왔어요. 2014년 4월 16일 이전에 제가 갖고 있던 하나님 상은 제가 원하는 대로 다 들어주시는 분이셨어요. 나의 필요를 채워주시는 분이었죠. 그러나 4.16 이후에는 하나님께서 침묵하시는 분이라는 생각이 강하게 들더군요. 나의 계획을 곧이곧대로 챙겨주시고 들어주시는 하나님이 아니라, 자신의 계획이 따로 있는 하나님을 알게 된 거죠. 하나님의 계획은 제 생각이

       제2부 희생자 가족과의 대화

나 바람보다 훨씬 더 크고 신비하잖아요. 하나님께서 제게 원하시는 삶은 마치 공인중개사처럼 사람과 사람을 연결하는 일 같아요. 세월호 참사 이후에 가족대책위 안에서나 희생자 가족들과 관계된 일들 가운데서도 그런 섭리가 많이 느껴져요.

Q. 마지막으로 이 책을 읽는 독자들에게 꼭 하고 싶은 얘기가 있으시면 한 말씀 해주세요.

본인이 직접 겪지 않은 일을 들을 때는 끝까지 경청해줬으면 좋겠어요. 제가 참사의 피해 당사자가 되어보니 이 일이 사람을 너무 힘들게 하더군요. 왜곡되고 조작된 사실을 믿는 사람들이 사건 당사자인 우리의 이야기는 들으려고도 하지 않을 때가 가장 힘들더라고요. 특히 정부와 언론이 사실관계를 자기들 입맛에 맞게 왜곡하는 것을 밥 먹듯 하는 걸 보면서 치가 떨린 적이 한두 번이 아니었어요. 지난 2년 동안 저희들은 너무나 힘들고 고통스러운 시간을 보냈습니다. 많은 분들이 이런 저희들의 사정을 있는 그대로 알아주고 이해해주면 큰 힘이 될 것 같습니다.

✻ 희생자 가족들과의 집담회

참석자: 박은희(단원고 2학년 3반 고[故] 유예은 양의 어머니)
안명미(단원고 2학년 1반 고[故] 문지성 양의 어머니)
정순덕(단원고 2학년 4반 고[故] 홍순영 군의 어머니)
최순화(단원고 2학년 5반 고[故] 이창현 군의 어머니)

희생당한 학생들의 부모를 만나는 것은 말처럼 쉽지 않다. 그 어머니들의 표정을 대면하는 것은 더욱 그렇다. 이분들을 만날 기회가 있을 때마다 나는 어머니들의 눈을 정면으로 응시하기가 어려워 나도 모르게 시선을 떨구곤 했다. 하지만 직접 대화를 나눠보니, 생각만큼 힘든 일은 아니었다. 오히려 그들은 안타까운 시선보다는 함께해주는 시간과 말을 더 필요로 했다. 희생자 가족들의 이야기를 직접 들으면서 나는 그동안 내가 얼마나 피상적으로 이 사건에 접근했는지를 뼈저리게 느낄 수 있었다. 언론 보도나 그밖의 통로들이 전하는 이 사건은 당사자들의 목소리를 제대로 전하고 있지 않았다. 그런 가운데 기독교 신앙을 갖고 있는 일부 어머니들은 안산에서 정기적으로 예배와 말씀 묵상 모임을 가지면서 마음을 다독이고 계셨다. 이분들은 그 모임을 매우 소중하게 여겼다. 예배 모임이 끝나면 함께 식사를 했는데 나도 가끔 그 자리에 합석해 함께 밥을 먹었다. 처음에는 그곳에 찾아가는 것이 두렵고 어색했지만 몇 번 참석하면서 조금씩 그분들과 가까워질 수 있었다. 당신들의 삶에 예고없이 찾아온 끔찍하게 어두운 시간을 통과하고 있음에도 어머니들은 모두 친절하고 따뜻하게 많은 말씀을 나눠주었다. 기록을 위해서 여기에 그 일부를 남긴다(대담자 김성률 목사)

Q. 안산과 광화문 광장은 분위기가 많이 다른데요. 희생자 가족에게
   도 두 장소가 각각 다른 의미를 갖고 있나요?

박은희: 안산은 집이죠. 저희가 살아가야 할 곳이고, 우리 아이들이 결국 돌아와야 할 곳이죠. 마치 저희가 사춘기 아이가 된 느낌이에요. 저희 대부분이 세상 물정을 잘 모르고 살다가 아이를 잃고 험한 일들을 겪으면서 세상을 좀 더 넓은 눈으로 보게 되었죠. 그런데 안산 시민들은 그런 저희들을 이상한 눈으로 봐요. 서울 몇 번 갔다 오고 정치인들이랑 어울리더니 변했다며 낯설어하죠. 갑자기 달라진 사춘기 아이를 보는 부모들처럼 저희를 바라봐요. 그런 이웃들의 시선이 힘들지만 그렇다고 집을 버리고 떠날 수는 없잖아요. 이곳을 전진기지 삼아 세월호 참사 이전과 다른 세상을 만들어가고 싶어요. 광화문은 같이 아파하고 투쟁한 동지들만의 아지트예요. 저희들의 억울한 사정을 공감해주고 앞으로의 험난한 싸움을 같이 해주실 분들을 만나는 곳이기도 하고요. 안산에 비하면 광화문은 굉장히 역동적인 곳이죠. 이

　　　　　　　　　　　　제2부 희생자 가족과의 대화

런 이유로 성격이 적극적인 분들은 안산을 답답해하고, 반대로 소극적인 분들은 광화문을 겁내죠. 하지만 지난 2년 동안 광화문을 통해 세월호 문제를 널리 알렸고 많은 이들의 도움을 받았기에 희생자 가족 모두가 마음에 빚을 갖고 있어요. 우리도 다른 고난당하는 이들의 손을 잡아줘야 한다는 부채의식이요.

Q. 참사 이후 무엇이 가장 힘든가요? 기독교 신앙과 공동체가 그 어려움을 극복하는 데 도움이 되었나요?

박은희: 매일 아침 눈을 뜨면 아이가 없다는 사실, 우리 아이가 마지막 순간에 고통스럽게 이 세상을 떠났다는 사실이 몸과 마음을 짓눌러요. 죽을 때까지 이 사실에서 벗어날 수 없을 것 같아요. 또 이 사고의 원인을 밝히는 일을 오늘도 감당해야 한다는 압박감이 늘 있죠. 더욱 고통스러운 것은 내가 반드시 밝혀내야만 하는 일을 누군가가 힘으로 막고 있다는 거예요. 죽은 아이의 부모이자 한 인간으로서 당연히 해야만 하는 일인데, 아니 국가가 당연히 해줘야 하는 일임에도 오히려 진실을 밝히는 것을 가로막는 현실이 저희를 더 화나게 하죠. 그리고 이런 잘못된 현실에 전혀 관심이 없거나, 더 나아가 잘못된 정보를 가지고 저희를 공격하는 사람들 때문에 너무 괴로워요. 그럴 때 누군가가 곁에 함께 있어주면 정말 큰 위로가 되고 힘이 납니다. 다행히 제가 다니는 교회의 목사님과 교우들이 여러 가지

방법으로 함께해주고 계세요. 그분들이 함께 집회에 참석해주시고, 분향소에 와서 예배도 드려주고, 교회에 현수막도 걸어주니 덜 외롭지요. 기독인 희생자 가족들끼리 수요일마다 함께 모여 성경을 읽는데 그때마다 불의한 자를 꾸짖으시는 정의의 하나님, 약한 자와 억울한 자와 함께하시는 하나님을 만나면서 큰 힘을 얻곤 합니다. 결국 공동체가 곁에 있다는 것이 가장 큰 위로가 되는 것 같아요.

Q. 세월호 참사 이후 신앙적으로 가장 힘든 부분은 무엇이었나요?

최순화: 사람들이 말 끝마다 '하나님의 뜻'을 거론할 때가 가장 힘들었어요. 저희 아이들의 죽음이 하나님의 뜻이니 믿음으로 받아들이라는 식으로 말할 때는 정말 견딜 수가 없었어요. 우리 애들의 죽음은 하나님 뜻에 의해 일어났다기보다는 악한 세력에 의한 희생에 가깝지 않나요? 세월호 참사를 하나님의 뜻에 의해 일어난 사건으로 함부로 해석하는 것은 악한 주장이라고 생각해요.

Q. 세월호 참사를 왜 하나님의 뜻으로 받아들이면 안 되는지 좀 더 자세히 말씀해주세요.

최순화: 세월호 참사가 하나님 뜻 때문에 일어났다고 말하면 악을 저지른 사람에게 일종의 면죄부를 주게 됩니다. 매사에 하나

     제2부 희생자 가족과의 대화

님을 끌어들이면 일견 대단한 신앙을 소유한 것 같아 보이지만 실제로는 그런 믿음이야말로 '책임을 면책'하는 '현실 도피'의 방편이 되고 말지요. 저도 이번에 끔찍한 일을 겪으면서 나름대로 '하나님의 뜻'에 관한 책을 몇 권 구해서 읽어봤습니다. 그런데 우리가 악의 희생자가 되었을 때, 그 악의 실체를 끝까지 추적해서 밝혀내는 것이 중요하지, 하나님 뜻을 앞세워 악의 정체를 덮어버리는 것이 신앙적 태도라는 생각은 들지 않더라고요. 저희보고 이럴 때일수록 더욱 하나님을 의지하라고 말씀하시는 분들이 많은데, 악에 대해서 눈을 감고 또 악을 방조하는 것이 어떻게 하나님을 의지하는 것이 될 수 있나요? 그리스도인들이 비록 신앙적으로는 맞는 말이라 할지라도 어떤 상황이나 맥락에서는 그 말이 악의 세력에게 이용될 수 있다는 것을 분별했으면 좋겠습니다.

Q. 세월호 참사 이후 출석하는 교회에서는 주로 어떤 반응을 보였나요?

안명미: 제가 출석하는 교회는 장례식까지는 정말 잘해주셨어요. 하지만 그 후로는 더 이상 함께해주지 않더라고요. 물론 개인적인 차원의 위로는 지금도 해줍니다. 저를 보면 다들 안쓰러운 표정으로 한 번씩 안아주고 지나가죠. 그러나 그것이 전부이고 한계인 듯해요. 단 한 번이라도 피케팅을 같이 해주면 좋겠지만, 그건 다들 부담스러워하지요. 시간이 지나면서는 제가 교

회에 출석하는 것을 불편해하는 분들도 생기는 것 같고요. 저희 교구 담당 목사님조차도 저희 집에 심방을 와야 하는지 말아야 하는지를 고민하시는 것 같아요. 언제인가부터는 아예 전화도 없고요. 그런 모습이 일정 부분 이해가 되면서도, 한편으로는 점점 고립되는 느낌이 드는 게 사실이에요. 그래서 시간이 지날수록 교회에 대한 기대를 내려놓고 그냥 조용히 신앙생활 하는 것으로 만족하자는 생각이 듭니다.

그런데 최근에 교회에서 아주 힘이 나는 일이 있었어요. 예배 시간에 어느 장로님이 정말 오랜만에 대표기도에서 세월호 참사를 거론하시는 거예요. 2,000명이 넘게 출석하는 교회에서 이제는 눈을 씻고 봐도 어디에도 노란 리본이 보이지 않아 오히려 제 가슴에 매단 리본이 너무 초라하게 느껴지던 때였어요. 그때 그 장로님이 세월호에 대한 기도를 하신 거예요. 저희 교회 상황에서는 쉬운 일이 아니었죠. 정말 너무도 큰 힘이 됐어요. 교회 안에서는 이미 세월호 참사가 거의 잊힌 것 같았거든요. 그런데 그렇게라도 조금이나마 기억해주니 얼마나 큰 위로가 됐는지 몰라요. 그건 저 같은 입장에 서 있는 사람만이 알 수 있는 거겠죠.

정순덕: 저는 예수 믿은 지 2년이 채 안 됐어요. 저희 애가 하늘로 떠난 뒤부터 믿기 시작했거든요. 저희 아이가 살아 있을 때

 제2부 희생자 가족과의 대화

제가 교회에 나가는 것을 원했어요. 한번은 저희 교회에 세월호 참사의 진실이 밝혀지는 것을 싫어하는 정치인이 온 적이 있어요. 그날은 예배당에 그대로 앉아 있기가 너무 힘들어서 그냥 나왔어요. 힘 있는 사람들이 교회에 와서 그런지 교인들은 노란 리본을 달고 있는 것조차 불편해하더라고요. 청년들도 아무도 리본을 달지 않았고요. 그리고 평소 목사님의 설교를 듣다 보면 세월호 문제를 저희와 상반된 시각에서 이해하는 것 같다는 생각이 들어요. 그런 설교를 들으면 힘이 쭉 빠지죠. 사실 교회를 그만 다닐까 하는 생각도 많이 했습니다. 지금도 분명 내면의 갈등은 있어요. 그래도 당분간은 더 다녀보려고 합니다. 지금은 가족들이 교회를 다니는 것을 좋아하기도 하고요.

Q. 정기적으로 모이는 예배 모임에서 가장 기억에 남는 경험이 있으신가요?

박은희: 지난주에 저희 모임에 대구 지역 목회자분들이 왔다 가셨어요. 설교 전에 유가족 발언 시간이 있어서 가족들이 돌아가면서 한마디씩 하는데, 영만이 엄마가 말을 잇지 못하고 많이 울었어요. 영만이 생일이 막 지난 때였거든요. 어찌나 서럽게 울던지 마치 새끼를 빼앗긴 짐승이 포효하는 것처럼 그렇게 통곡을 했어요. 그런데 그날 오셨던 목사님 한 분이 영만이 엄마에게 "이제는 그만 힘들어하시고 좀 행복했으면 좋겠습니다"

라고 하시는 거예요. 가족들은 그런 이야기를 들을 때마다 위축이 돼요. "우리의 슬픔을 함부로 내보이면 안 되는구나. 이 사람들이 우리의 슬픔을 불편해하는구나." 이런 생각이 들면서 답답한 마음이 들죠. 속에서는 슬픔이 활화산처럼 터져 나오는데 그걸 억지로 막으려고 하니 부당하다는 느낌이 들기도 하고요. 그렇게 낙심이 되어 앉아 있는데 원로 목사님이 "저는 오늘 하나님의 음성을 들었습니다"라는 말씀으로 설교를 시작하시더라고요. "조금 전에 영만이 어머니의 울음소리를 들으면서 저는 그것을 영만이 어머니의 통곡으로만 듣지 않았습니다. 제게는 그 소리가 하나님의 울음소리처럼 들렸습니다." 제가 그 말씀을 들으며, "아픈 사람은 아프다고 얘기해야 하는 것이구나. 고통 속에서 신음하는 사람들의 절규가 바로 하나님의 응답이구나"라는 생각을 했어요. 마치 하나님이 "내가 선하게 만든 세상에서 사람들이 욕심을 쫓아 살다가 결국 억울한 죽음을 만들었구나. 그래서 나는 너희들 안에서 이렇게 고통스럽게 울부짖고 있다"라고 말씀하시는 것 같았어요. 그게 하나님의 응답이라면 저희는 그 응답에 맞게 살아내야 한다는 생각이 들었어요. 그래서 어떤 일이 벌어졌을 때 현장을 찾아가서 희생자들의 음성을 직접 듣는 게 굉장히 중요한 것 같아요. 그리스도인들이 지금은 다들 텍스트에 갇혀서 그 안에서만 해석하고 또 거기에 대해서만 감동하고 은혜받는 것으로 만족하지요. 하지만 하나님의 진

  제2부 희생자 가족과의 대화

짜 음성은 통곡과 부르짖음이 있는 현장에 가야만 들을 수 있다
는 생각이 들어요.

Q. 세월호 참사 이후 희생자 가족의 60-70퍼센트가 교회를 떠났다고
들었습니다. 반대로 참사 이후 새롭게 신앙을 갖게 된 경우도 있다
고 하던데 이에 대해 자세히 말씀해주시면 감사하겠습니다.

박은희: 사랑하는 아이가 하늘로 떠나고 난 후 비로소 예수 믿고
교회에 다니기 시작한 분들이 계세요. 교회 나간 지 2년이 채 안
된 분들이시죠. 세월호 참사를 겪고서 교회를 떠난 분들이 많은
데, 반대로 이전에는 교회를 다니지 않던 분들이 신앙을 가졌다
는 게 참 아이러니한 일이죠. 왜 이분들이 새로 교회를 다니게
되었을까요? 고통이 너무 심하다 보니 의지할 곳이 필요해서
일까요? 아니에요. 이건 사실 굉장히 슬픈 이야기인데, 바로 자
기 아이를 천국에서 다시 만나고 싶어서예요. 희생당한 학생의
부모들은 지금도 미치도록 아이들을 만나고 싶어 해요. 순간순
간 차라리 삶을 포기하고서라도 아이들을 만나고 싶다는 생각
이 들곤 하죠. 그게 부모의 마음입니다. 그런데 혹 자신이 죽어
서도 아이를 만나지 못하면 어쩌나 하는 두려움이 있는 거예요.
구원받아 천국에 가고자 하는 거창한 이유 때문이 아니라 그저
아이들을 다시 만나고 싶다는 게 이들이 교회에 다니고 신앙을
갖는 이유예요. 저희들의 삶이 그만큼 절박하다는 얘기죠. 아이

들이 살아 있을 때 자신의 부모에게, 엄마 아빠도 예수님 믿으면 좋겠다고 했던 그 이야기를 희생자 부모들이 간절히 붙들고 있는 거예요.

Q. 역경 속에서 힘이 되어주었던 단체나 사람들을 조금 더 구체적으로 소개해주세요.

박은희: 지난 2년간 너무나 힘들었지만 그럴 때마다 도와주신 분들도 참 많았어요. 저희 교회 목사님은 참사 초기부터 지금까지 늘 함께해주셨고 어떤 때는 저보다 더 열심히 애써주셔서 제 경우에는 교회 안에서 많은 위로를 받았어요. 그런데 열심히 도와주시는 분들을 보면 진보적인 성향을 갖고 있어서 이전에도 이런 활동을 많이 하셨던 분들도 있지만 그렇지 않은 분들도 참 많았어요. 오히려 정치적으로 고지식하고 순수한 분들이 더 진정성 있게 저희 곁에 머물러주실 때도 많았지요. 가장 고마운 분들은 지난 1년간 저희 예배에 함께한 장신대와 총신대 학생들입니다. 그 학생들이 지금까지도 계속 저희와 함께 예배를 드리고 있어요. 최근에 저희 아이들의 영상도 그 학생들이 만들어줬지요. 대개 신학교 중에서는 총신이 가장 보수적이라고들 하는데, 지금까지 방문한 사람들 가운데 총신대 학생들이 적어온 예배문이 가장 강렬했던 것도 참 재미있지요. 선교 단체 중에서는 IVF가 기억에 남아요. 이들에게서는 무언가를 배우려는 열

　　　　　제2부 희생자 가족과의 대화

의가 느껴졌고, 또 마음을 다해 준비한 예배 순서에서 아픔을 함께하려는 진심을 느낄 수 있었어요. 대형교회 목사님 중에서는 한 분이 특별히 기억에 남는데요. 그분이 어렵게 용기를 내서 찾아오셨는데 이제껏 잘못해온 다른 목사님들에 대한 비판까지 혼자 다 받으셨죠. 그런데 그분이 묵묵히 그 얘기를 다 듣고 앉아계셨어요. 많이 미안해하셨고요. 비록 저희 형편을 전부 이해하거나 저희의 싸움에 동참한 것은 아니었지만 그분의 태도에서 진심이 느껴졌어요. 본인이 직접 찾아오시기도 했지만 그 후 따로 부교역자들을 보내기도 하고 교회로 저희 가족들을 초청해주기도 하셨어요.

Q. 세월호 참사 이후 2년 동안 겪은 경험에 비춰 한국교회에 하고 싶은 말씀이 있다면 해주세요.

박은희: 참사가 일어난 후 많은 목회자들이 세월호 참사를 하나님의 뜻에 비유하거나 혹은 우리 민족에게 경각심을 주기 위한 희생양으로 해석했어요. 하지만 저희들은 전혀 다른 관점으로 이 사건을 보게 되었습니다. 이 참사를 허락하신 게 하나님의 뜻이 아니라, 이 일을 통해 사고의 원인이 우리 자신에게 있음을 들여다보도록 하는 게 하나님의 뜻이라고요. "이 시대의 악과 부정부패가 우리 아이들을 죽였구나." 그리고 "사회가 이 정도로 엉망이 될 때까지 교회는 과연 무엇을 했을까? 목사님

들은 무엇을 했을까? 그리고 나는 무엇을 했을까?" 하는 생각
이 들었어요. 예수님이 분명 교회가 세상의 소금이라고 하셨는
데, 그래서 소금으로서의 제역할을 못하면 버려져 밟힐 거라고
말씀하셨는데, 한국교회는 이제 정말 큰일 났구나 했죠. 사회
가 이렇게까지 망가질 때까지 교회가 아무것도 못한 게 부끄러
워서라도 대대적인 회개운동이 일어나겠구나 싶었어요. 희생자
가족 중에 기독교 신자들이 많은데 저뿐만이 아니라 모두가 다
같은 마음이었어요. 그런데 오히려 교회와 목회자들이 앞장서
서 피해자인 저희들을 향해 돌을 던지시더라고요. 너무 어이없
고 분하면서도 한편으로는 한국교회가 걱정되었죠. "이런 참사
앞에서도 뉘우치지 않다니 이제 한국교회는 희망이 없구나." 걱
정도 되고 다가올 심판이 두렵기도 했어요. 지금이라도 목회자
들이 사회의 악과 불의에 대해 조금이라도 책임 의식을 느끼고
회개했으면 좋겠어요.

최순화: 목사님들이 해야 할 가장 중요한 일은 자신이 먼저 회개
하는 것이라고 생각해요. 세월호 참사 이후 저는 정말 모두가
광장에 나와 회개할 줄 알았어요. 하지만 그렇지 않더라고요.
제가 출석하던 교회의 목사님은 아이가 죽은 후 제가 삭발한 것
에 대해 (제삼자를 통해) 이렇게 말했어요. "주일학교 교사가 삭
발이나 하고, 아이들에게 뭐라고 말할 거냐?" 평생 데모라고는

     제2부 희생자 가족과의 대화

한 번도 해보지 않은 여성이, 그것도 엄마가 부끄러움을 무릅쓰고 삭발을 할 수밖에 없었던 이유에 대해서는 전혀 헤아려주지 않았죠. 무려 15년이나 다녔던 교회에서조차 제 처지를 이해해주지 않는다는게 제일 힘들었습니다. 저는 목사님들이 약자의 고통과 아픔에 공감한다는 것이 무엇인지를 배워야 한다고 생각해요. 그게 목회자의 기본 소양 아닌가요? 목사님들이 눈에 보이는 현상 이면에 있는 인간의 아픔을 깊이 헤아리는 눈을 가지셨으면 좋겠어요.

Q. 예은이 어머니는 신학을 공부하셨는데요. 세월호 참사를 겪으면서 느낀 게 많으실 것 같아요. 세월호 참사를 통해 앞으로 한국교회가 고민해야 할 신학적 과제가 있다면 어떤 것이 있을까요?

박은희: 앞에서도 말씀드렸듯이 "사회가 이렇게 병이 들 때까지 교회는 무얼 했나?" 하는 자기반성과 회개가 필요할 것 같아요. 목회자가 고통당하는 교인들에게 하나님의 성품과 마음을 갖고 다가서는 일에 대한 중요성도 깨우쳤으면 좋겠고요. '하나님의 뜻'에 대한 해석도 제대로 정립될 필요가 있는 것 같아요. 그 말이 피해자들에게 얼마나 잔인한 말인지 알았으면 좋겠어요. 희생자를 향해 "아무리 억울하고 아파도 가만히 입 다물고 있어라. 화내지도 말아라. 그게 하나님 뜻이다." 이렇게 말하면 피해자는 더 큰 희생자가 되고, 반대로 가해자는 면죄부를 받게 되

는 거잖아요.

제가 전해 들은 이야기인데요, 얼마 전 어느 교단의 목회자 진급 심사 과정에서 한 응시자가 노란 배지를 달고 온 걸 보고 감독관이 아직도 노란 배지를 달고 다니느냐고 핀잔을 주면서, 세월호에 탔던 학생 중에 누가 구원을 받았느냐고 질문했답니다. 그때 응시자가 죽은 학생들 모두 구원을 받았다고 했더니 감독관이 "이 사람 목회하면 큰일 낼 사람이잖아"라고 하면서 문제를 삼았다고 하더라고요. 참사 직후 신앙생활을 오래하신 분들이 분향소에 찾아오셔서 혀를 끌끌 차면서 저한테 그러더라고요. 구원받지 못한 사람들은 어떻게 하느냐, 어리다고 다 천국 간 줄로 착각하느냐고요. 저는 이렇게 반문하고 싶어요. 죽은 아이들이 이 세상에서 좀 더 오래 살면서 회개하고 예수 믿을 기회가 있었는데 억울하게 살해당해서 그 기회를 상실한 경우는 어떻게 되는 건가요? 저희 아이들은 억울하게 학살당한 건데 죽은 것도 모자라서 지옥의 형벌까지 받으라니 이렇게 잔인한 말이 어디 있나요? 참사 초기부터 유가족들은 아이들이 천국에 갔으니 그만 울라는 말을 참 많이 들었어요. 그런 말을 들을 때마다 왜 나는 그 좋은 나라에 빨리 가지 않고 여태껏 살아 있는 건지 죄책감이 들더군요. 한국교회 안에 고난의 문제, 죽음의 문제 대한 신학적 논의가 더 활발해져야 할 것 같아요.

그리고 교회는 "누가 내 이웃입니까?"라는 질문을 넘어서

　제2부 희생자 가족과의 대화

"너도 이와 같이 하라"는 주님의 명령에 더 귀를 기울여야 해요. 저희가 고통 중에 있을 때 찾아오셔서 함께 통곡해주고 먹을 것을 나누고 담요를 건네던 분들이 있었어요. 그분들에게서 저희는 하나님의 손길을 느꼈습니다. 역으로 하나님은 그분들에게 분명히 이렇게 말씀하실 겁니다. 내가 고통받을 때 너희가 진정 나의 이웃이었다고요. 이제 한국교회는 시대의 통곡 소리를 듣고 이에 응답해야 합니다. 부디 한국교회가 우리 시대 고난의 현장에서 함께 신음하시는 하나님의 음성을 듣기를 소원합니다.

세월호 광장 천막카페에 대한 목회자 대담

✳ 미셔널:
천막카페를 통한 미셔널 신학의 가능성

참석자: 김성률 목사(함께하는교회)
김종일 목사(동네작은교회)
정성규 목사(부천예인교회)
황영익 목사(서울남교회)

김성률: 광장에서 제일 많이 듣는 얘기가 "(천막카페를) 언제까지 하실 거예요?"라는 질문입니다. 사실 이 질문은 세월호 참사 희생자 가족들을 반대하는 이들에게서도 자주 듣는 질문입니다. 시간은 기억과 깊은 관계가 있잖아요. 처음에는 세월호 참사도 다른 사고들처럼 뇌리에서 곧 사라질 것으로 생각했던 것 같아요. 좀 더 솔직하게 말하면, 우리는 역사의 상처를 쉽게 망각하는 데 익숙한 민족이고 오히려 그것이 상처를 치유하는 지름길이라고 생각하기까지 했던 것 같아요. 세월호 참사 이전에는 우리 사회의 아픔에 대해 이렇게까지 긴 시간을 들여 싸워본 경험이 별로 없었던 거죠.

시간이 흐르면서 '기억하기'와 '기억 지우기' 사이의 처절한 싸움이 벌어졌습니다. 미셔널(Missional)의 의미가 그리스도인이 보냄 받은 현장에서 하나님의 통치에 참여하는 일이라면, 여기에는

'어디서'라는 구체적인 '현장성'과 '언제까지'라는 '시간적 물음'이 필요하다고 생각합니다. 영국의 구약학자 크리스토퍼 라이트는 『하나님의 선교』(IVP, 2010)에서 하나님께서 시간을 창조하신 것과 그 시간을 다스리는 것을 함께 언급하면서 '시간신학'이란 표현을 사용한 적이 있어요. 이는 이집트에서 노예로 살아가던 이스라엘을 해방시킨 사건과 희년의 맥락에서 나온 언급이지요. 노예들에게 특정한 시간을 정해놓고 해방을 선포하는 것은 시간이 희망의 틀을 제공하는 것입니다. 반대로 시간의 제한을 깨뜨림으로써 그 약속을 더 큰 신뢰로 묶는 경우도 있어요. 예수님은 부활 이후에 제자들에게 "내가 너희와 세상 끝날까지 함께하겠다"는 약속을 합니다. 상대의 자유를 위해 시간에 자기를 묶는 자기제한과 더불어, 그렇지만 함께하겠다는 기간은 제한하지 않는 것이죠. 이러한 정신이 구약의 희년과 신약에 나오는 구원의 약속 가운데 내포되어 있다고 생각합니다.

다른 한 가지는 미셔널의 상호평등성에 관한 이야기를 나누고 싶습니다. 지난 번 세월호 참사 희생자 가족과의 대화에서 수혜의 진실성에 대한 문제 제기를 접한 적이 있습니다. 표면상으로는 유가족을 위한다고 하면서 실제로는 자기들의 시혜를 과시하는 경우가 허다하다는 것이지요. 그분들의 지적 중에 가슴에 쾅 하고 박힌 대목이 있어요. 우리를 "앉혀놓고 노래하지 마라." 이 한마디가 잊히질 않아요. 이 말 안에는 주는 자와 받는 자 간의 거리가 존재합니다. 어쩌면 희생자 가족들과의 오랜 동행이 어려운 이유는 우리가 일방적인 시혜문화에 익숙하기 때문이 아닌가 싶습니다. 사실 고통당하는 이들과 동행한다는 것이 '단회적 이벤트'나 '기념적 시혜문화'로 대체되는 경우가 현실에서 너무 많잖아요. 언론에서는 이를 가십성 기사로 내보내고요. 만약 우리가 희생자 가족들과 진정으로 친구가 되고 그들과 오랜 시간 함께한다면, 단순히 시혜의 주체와 대상으로 구분되는 지점들이 깨지기 시작할 것입니다. 그러려면 그들과 같은 선상에서 보고, 듣고, 걷고, 행동하는 일이 중요하겠죠. 이런 점에서 세월호 광장의 천막카페는 현장성·지속성·수평적 동행을 간직한 미셔널적 공간으로 자리매김하고 있다고 생각합니다.

김종일: 한국사회에서의 미셔널적 섬김에서 세월호 광장의 천막카페는 매우 유의미한 걸음을 걷고 있다고 생각합니다. 국가적 참사 앞에서 잠깐 애도를 표하는 수준의 운동을 넘어서 일종의 사역 혹은 목회적 시도로 발전한 것은 미셔널적 섬김에 매우 중요한 지점이지요. 그런 면에서 천막카페는 상시적이며 지속적인 사회 선교 활동이라고 할 수 있습니다. 애초의 시작은 불의한 권력에 대한 일종의 저항, 희생자 가족들의 아픔에 함께 동참하는 것이었지만 이후 천막카페는 희생자 가족과 한국교회, 그리고 시민들의 지속적인 만남의 장으로 외연이 확대되었습니다.

서구의 경우 미셔널 운동이 주로 특정한 지역성에 갇히는 경우가 많았습니다. 그동안 한국에서의 미셔널 운동도 유사합니다. 지역의 필요를 채우는 일에 집중하는 것이 미셔널 운동의 전부인 것처럼 여겨지는 것이지요. 미셔널 운동의 대표 학자인 레슬리 뉴비긴의 신학적 고민의 핵심은 지역성을 포괄하는 공공성을 담지하는 것이었습니다. 즉 특정한 지역의 필요성을 무시하지 않으면서도 시대와 국가 전체 상황을 담아내는 공공성은 미셔널 운동에서 매우 중요한 지점이라고 생각합니다. 세월호 참사는 안산, 진도라는 특정 지역만의 문제가 아니라 전 국가적인 이슈였잖아요. 그것은 무능한 정부, 초동 조치에 실패한 행정조직, 어처구니없는 사후 처리 과정 등이 한꺼번에 드러내면서 한 국가의 시스템이 얼마나 허술한지를 보여주는 총체적 고발의 현장이었죠. 이와 같은 국가적 이슈에 대해 교회가 한마음으로 현장에서 필요한 일을 감당해야 하는데, 한국교회는 축적된 경험이나 노하우가 부재했습니다. 세월호 참사에 대해 반응을 보이는 수준도 개인의 정치적 성향에 따라 천차만별이었고요.

하지만 천막카페는 정치적 이해관계가 총체적으로 집약된 현장 한복판에서, 정치적 선택과 행동을 우회하는 방식으로 기독교적 섬김을 실천했다는 데 의미가 있습니다. 고통당하는 이웃과 그들의 곁을 찾는 이들이 함께 피켓을 들고 금식하며 진실 규명을 위해 힘을 모으는 모습은 그리스도인이 보냄 받은 현장에서 하나님의

　　제3부 세월호 광장 천막카페에 대한 목회자 대담

통치에 참여하는 미셔널적 삶을 자연스럽게 연상시켜주었습니다. 그런 면에서 천막카페는 세월호 참사라는 공적 이슈를 기독교적으로 풀어내 미셔널적 삶의 긍정적인 지점을 잘 보여주었다고 생각합니다.

황영익: 저도 전적으로 공감합니다. 말씀하신 바처럼 미셔널이라는 개념의 핵심은 세상으로 보냄 받은 공동체로서의 교회의 본질과 사명을 바르게 드러내는 것입니다. 저는 여기에 한 가지 더 추가하고 싶습니다. 미셔널적 삶은 세상 속으로 보냄 받음의 차원을 강조하고 있으며, 따라서 어디로(to where), 그리고 누구에게로(to whom) 보냄 받았는가 하는 점을 함의합니다. 그러니까 미셔널적 삶은 지역 속으로 또는 현장 속으로 보냄 받음을 강조하고 있지요. 또한 미셔널 신학은 근본적으로 그리스도의 성육신에 뿌리를 두고 있기에, 미셔널적 삶은 곧 성육신적 삶이라고 할 수 있습니다. 성육신 개념은 미셔널의 가치를 모두 담고 있습니다. 그런데 그리스도의 성육신을 말할 때 흔히 우리는 내려감의 차원만을 강조하는 경향이 있습니다. 삼위일체 하나님의 제2위의 위격이신 그리스도께서 사람의 몸을 입고, 낮은 곳으로, 이 땅으로 내려오셨다는 것이지요. 하지만 성육신 사건이 함의하고 있는 또 다른 요소는 '함께함'입니다. 미셔널적 삶의 핵심은 함께하는 삶입니다. 천막카페가 미셔널적 함의를 갖는 것은 광장에서 무언가를 행

하거나 어디론가 내려간다는 차원보다, 거기서 고난당하는 이웃의 곁에 머물렀다는 '함께 살기'의 차원을 갖기 때문이라고 보아야 할 것입니다.

천막카페가 우리 사회의 고난당하고 아파하고 눈물 흘리는 이웃들이 있는 자리로 가서 그들과 '함께하였다'는 측면에서 거기에는 성육신적 의미가 있다고 생각합니다. 그러므로 '보냄 받음'이 '함께함'이라는 요인과 결합할 때 비로소 미셔널 운동이 유의미해진다고 할 수 있습니다. 보통 교회가 선교나 봉사를 할 때 무엇을 행하느냐, 무엇을 실천하느냐 하는 행동의 차원만 강조하는 경향이 많은데 사실은 '만난다'는 것 자체가 의미 있다고 생각합니다. 운동이나 선교를 단순히 결과 지향적 개념으로만 접근하면 만남의 차원을 외면하게 됩니다. 제일 중요한 것은 고통당한 누군가를 만나서 그와 끝까지 함께하는 것이지요.

신학적으로 표현하자면, 그리스도께서 세월호 희생자 가족과 더불어 아파하고 계신다는 생각을 해야 합니다. 그런 점에서 천막카페는 '함께하시는 그리스도의 흔적'으로 볼 수 있을 것입니다. 언젠가 서강대학교의 서동욱 교수가 세월호 참사에 대해 흥미로운 표현을 썼던 글을 읽은 적이 있습니다. 그는 세월호 참사가 우리 사회에 "온도의 공동체"를 경험하게 했다고 말했습니다. 세월호 참사 앞에서 온 국민이 함께 아파하고 눈물 흘리고 애태우는 모습을 보며 우리 사회에 어떤 온기가 있는 것을 본 것이지요. 서동욱 교수

 제3부 세월호 광장 천막카페에 대한 목회자 대담

는 마음의 온기가 남아 있는 사람들로 구성된 원초적 공동체를 확인했다는 점에서 우리 사회의 어떤 희망을 보았다고 했습니다. 비록 세월호 참사를 수습하고 처리하는 과정에서 온갖 왜곡과 불의가 난무했지만, 그럼에도 종교와 성별과 나이와 계층과 지역을 떠나 수많은 국민이 함께 슬퍼하는 그 지점 때문에 이 사건이 매우 특별한 역사적 사건으로 전개되고 있다고 봅니다. 천막카페는 이러한 따뜻함의 온도를 간직하고 있는 상징적 공간이 아닌가 싶어요. 이렇게 천막카페가 고통당하는 이웃과 함께하는 공간이 되어주었다는 부분을 눈여겨봐야 한다고 생각합니다.

정성규: 저는 천막카페와 미셔널 운동의 연결점이 '자연스러움'에 있다고 봅니다. 1980년대 학생 운동권이 대한민국에 민주주의를 정착시키기 위해 많은 노력을 기울였고 그 결과 일정한 성과를 거둔 것이 사실입니다. 그런데 동시에 운동권에 대한 거부감도 덩달아 커졌습니다. 저는 종종 교회가 운동권을 닮았다는 생각을 합니다. 교회가 분명히 사회적으로 유익한 일을 많이 하고 있는데도 불구하고 거부감 역시 만만치 않거든요. 저는 그 이유가 '지나친 의도성'에 있다고 생각합니다. 운동권은 자기가 꿈꾸는 세상을 구현하기 위해 대중에게 의도적으로 접근했고, 교회는 더 커지고 강해지기 위해 대중에게 의도적으로 접근합니다. 그러다 보니 자연스러움을 상실한 것입니다. 애당초 천막카페는 광화문 광장에 교

회2.0목회자운동이 주도적으로 깃발을 꽂은 게 아닙니다. 최헌국 목사의 요청에 의해 자연스럽게 시작되었습니다. 의도적인 것이 전혀 없었습니다. 그렇다고 아무것도 할 줄 모르는데 우연히 찾아온 기회라고만 볼 수도 없습니다. 구리의 한 교회를 빼놓고는 천막카페를 생각할 수 없기 때문입니다. 이들은 세월호 참사가 일어나기 전에 커피 내리는 법을 함께 공부했고, 지역에서 커피 나눔을 시작하였습니다. 그런 점에서 천막카페는 한 교회가 자기 지역에서 실천하고 있던 일과 국가적인 재난 현장이 자연스럽게 조우한 것이라고 할 수 있습니다. 이미 걷고 있던 일상의 걸음이 시대적 사건과 만나서 확대 재생산된 면이 크다는 것입니다.

마이클 베이 감독이 연출한 "진주만"이라는 영화를 보면 간호사였던 에블린 존슨(케이트 베킨세일 분)이 맹활약하는 장면이 나옵니다. 1941년 12월 7일 일요일 아침 진주만이 일본군의 공습에 초토화되었을 때 에블린 존슨은 수많은 부상자가 생길 것을 예측하고 즉시 야전 병원으로 달려갑니다. 그리고 평상시 자신이 사용하던 립스틱으로 몰려오는 부상자들이 어떤 치료를 받아야 할지 능숙하게 표시합니다. 그녀의 분류에 따라 부상자들은 보다 신속하게 치료를 받게 되죠. 위급한 상황에 일반인에게 간호사 역할을 맡기면 아무것도 할 수 없습니다. 하지만 그녀는 간호사로서 평상시에 늘 그 일을 했기에 그 누구보다도 빠르게 조치를 취할 수 있었습니다. 저는 교회가 하는 일도 이처럼 자연스러워야 한다고 생

　　　제3부 세월호 광장 천막카페에 대한 목회자 대담

각합니다. 그때가 위기의 상황이든 평상시든지 말이죠. 너무나 의도적인 접근은 이제 식상하거든요. 이것이 바로 미셔널 운동의 본질이 아닐까 합니다.

그래서 저는 천막카페를 일상의 신학과 일상의 삶이 낳은 자연스러운 결과물이라고 생각합니다. '성육신적인 교회', '신앙의 공공성'은 무슨 특별한 목표나 의도를 가진 운동이 아니라 '일상에서의 실천'과 자연스럽게 접목되는 것이어야겠지요.

김성률: '성육신', '공공성', '일상의 자연스러움' 등 중요한 화두가 연이어 등장하네요. 신학적으로 미셔널은 하나님의 다스림에 참여한다는 개념을 중요하게 여깁니다. 그런데 하나님의 통치를 발견하고 거기 참여한다는 것은 때로 전혀 예기치 않은 방식으로 찾아올 때가 있는 것 같습니다. 제가 한번은 천막카페에서 봉사를 하는데, 팔순 가까이 되어 보이는 할머니가 찾아오셨어요. 그분이 아무 말씀도 안 하시고 쭈뼛쭈뼛하시길래 저는 평소처럼 "이건 커피고 저건 따뜻한 물"이라고 설명해드렸지요. 그런데도 전혀 반응이 없는 거예요. 그래서 다시 한 번 조곤조곤 설명해드렸습니다. 그런데 할머니가 혼자 믹스커피를 타시더니, 저를 빤히 쳐다보시는데 그 눈빛이 대단했죠. 그러더니 한마디 툭 내뱉고는 휙 가버리셨어요. "맴이 아파. 우리 모두 맴이 아파!" 고난당하는 현장에 대한 감성이 불쑥 발현된 것입니다. 그 말이 습관처럼 봉사하던

제 마음에 다시금 시대의 아픔을 확 일깨워주었죠. 저는 노구의 몸을 이끌고 시위 현장으로 가시는 그 할머니의 뒷모습을 오랫동안 바라봤습니다. 아직도 그 장면이 제 머릿속에 인상 깊게 남아 있네요. 이런 경험은 광장에서만 가능할 것입니다. 이처럼 하나님께서 주목하시는 약자가 누구인지를 밝혀주는 일이 또 다른 약자를 통해서 올 때가 있어요. 고통당하는 자의 정체가 누군지를 밝히는 일이, 엄청난 지식이나 천둥 같은 연설보다 우연히 툭 뱉은 할머니의 탄식에서 더 분명하게 드러나는 것이지요. 하나님은 광장이라는 공간에서 이런 '우연한 만남'과 '약한 자의 탄식'을 통해 꼭 필요한 메시지를 선포하십니다.

황영익: 천막카페의 진정한 가치는 스스로 어떤 위상이나 힘을 소유하려고 의도하지 않았다는 점에 있다고 생각해요. 오히려 무슨 업적을 이루거나 명예와 힘을 소유하려는 욕망과 일부러 거리를 두고 그저 고난당하는 사람들과 함께하려는 데 최우선적인 노력을 기울였죠. 천막카페를 섬기는 분들의 이런 성숙한 자세가 다른 사람들의 공감대를 이끌어내면서 하나의 자연스러운 흐름을 만들었다고 생각합니다.

미셔널 운동이 지닌 함께함의 측면에서 또 한 가지 중요한 것은 지속성에 있다고 생각해요. 함께한다는 것은 단발성 이벤트가 아니잖아요. 천막카페가 광장에 상주하고 있는 것, 저는 그것이

 제3부 세월호 광장 천막카페에 대한 목회자 대담

가장 중요한 부분이라고 생각합니다. 천막카페가 고난당하는 이웃의 곁에서 또 하나의 이웃으로 존재하였기에 사람들에게 신뢰를 받을 수 있었던 것 같습니다.

정성규: 실은 천막카페를 둘러싸고 내부적인 논쟁이 있었습니다. 논쟁의 핵심은 천막카페를 통해 기왕이면 교회2.0목회자운동을 위시한 기독교 사회 운동이 한층 더 성장할 수 있는 발판을 마련해보자는 것이었습니다. 어떤 면에서는 그게 지금까지의 기독교권의 전체적 흐름이기도 했고요. 일단 어느 정도 판이 마련되면 이를 기반으로 해서 기독교의 영향력을 확대해보자는 것이었지요. 물론 교계의 따가운 시선을 고려해서 천막카페를 접자는 의견도 있었습니다. 어쨌거나 그동안 우리는 너무도 쉽게 '타자의 상황과 필요'보다 '나의 의도나 상황'에 집중했었습니다. 그런 점에서 천막카페가 지닌 자연스러움은 이전에 우리가 교회개혁과 사회적 이슈에 참여할 때 취했던 다분히 의도적인 사고와 충돌했습니다. 하지만 우리가 이런 논쟁을 하는 것과 상관없이 천막카페를 바라보는 희생자 유가족과 시민들의 생각은 전혀 달랐습니다. 교회2.0목회자운동이 아무런 의도성도 갖지 않고 그 자리를 지켜주는 것만으로 족하다는 격려가 쇄도한 것입니다. 그때부터 교회의 공공성에 대한 새로운 이해가 생기기 시작했죠. 교회가 자신의 주장을 내려놓고 현장에 참여하며, 또 그것을 생색내지 않고 묵묵히 섬기는 것이야말로

진정한 공공성이라는 자각이 탄생한 것입니다.

과거에는 탁월한 리더십과 운동 능력을 가진 목사가 깃발을 들면 그 아래로 사람들이 모이는 것이 상례였습니다. 그러나 이제는 모든 것이 변했습니다. 이것은 천막카페에 대한 보수적인 신자들의 반응을 통해서도 알 수 있습니다. 저희가 2015년 봄에 국내의 대표적인 보수 성향의 신학대학원에서 교회박람회를 연 적이 있습니다. 이때 교회2.0목회자운동과 천막카페가 한자리에서 학생들을 맞았습니다. 그런데 박람회를 참관하는 학생들이 교회2.0목회자운동은 잘 몰라도 천막카페는 거의 다 알고 있는 거예요. 이들은 이미 광화문 광장을 방문한 경험이 있었고 그곳에서 천막카페를 만났던 것입니다. 또한 천막카페가 그리스도인들에 의해서 운영되고 있음도 알고 있었습니다. 그제서야 저는 운동의 주체보다 현장이 훨씬 더 중요하다는 것을 깨달았습니다. 우리가 운동성을 확보하려고 열심히 노력한다고 해서 자동으로 운동이 되는 게 아니라는 얘기죠. 시대가 바뀌었는데 이전 시대의 운동법으로 현재를 분석하고 평가하는 것은 시대착오적인 태도겠지요. 의도성을 탑재한 운동들이 몰락하고, 대신 묵묵히 자리를 지키며 봉사하는 현장에는 자연스럽게 운동성이 생긴다는 것을 포착해야 할 것입니다. 그리고 이것이야말로 한국적 상황에서의 미셔널적 발견이 아닐까 싶습니다.

 제3부 세월호 광장 천막카페에 대한 목회자 대담

김성률: 예, 공감합니다. 근데 그런 자연스러움이 어떻게 생기는 가에 대해 생각해보면 관찰에서 시작하는 것 같아요. 미셔널은 특정 현장에 참여하기 이전에 그 현장에 대한 관찰과 이해를 필요로 합니다. 하나님의 다스림이 관찰의 여정 속에서 어떤 형식을 지닌 보냄 받음의 역할로 구현되어야 하는지는 솔직히 신학교에서 거의 배우지 못하는 분야죠. 그러다 보니 교회의 구조를 넘어선, 우리가 몸담고 있는 현실의 컨텍스트가 빠르게 변화하는 상황에서는 관찰이 미숙할뿐더러, 자연히 그 컨텍스트 안에서의 구체적 역할에 대한 상상력이 빈곤할 수밖에 없는 것입니다. 어느 신학자의 이야기처럼 코끼리가 쥐꼬리를 밟고 있는데, 자신은 기계적인 중립을 취하겠다는 것은 사실상 코끼리 편을 들겠다는 거잖아요. 우리가 예수 그리스도를 증언할 때도 사회적인 약자와 법의 적절한 보호를 받지 못하는 이들이 있음을 깊이 생각해야 합니다. 특히 이미 존재하는 법을 무력화시키는 세력에 대한 시민적 차원의 견제가 필요합니다. 즉 사회와 법이라는 그물망으로부터 '벌거벗은 인간의 컨텍스트'에 대한 이해가 더 깊이 필요한 시점입니다. 이러한 맥락에서 천막카페의 위치는 어디인가를 물을 수 있겠는데요. 단지 우리가 "무엇을 하느냐?"보다 "어떤 상황에 직면해 있으며 어떤 맥락에서 이 일을 하는 것이냐?"를 묻는 것이지요. 기계적인 중립이 아니라 고통당하는 사회적 약자의 자리에서 그들을 위해 그리고 그들을 향해 섬기는 것, 그 섬김이란 것이 따지고 보면

진실을 애써 덮는 이들을 향한 저항의 맥락 속에 있거든요. 그러므로 미셔널 운동이 컨텍스트를 관찰할 때는 사회적 약자를 포착하고 등대처럼 그들의 주변을 밝혀주는 일이 필수적입니다. 바꿔 말하면 고통당하는 현장에 함께함으로써 그 현장의 정체성이 무엇인지를 명확히 지시하는 일차 증인의 역할을 감당하는 것이지요. 미셔널 운동은 사회적 약자의 곁에서 그들의 상황을 타인에게 명확하게 설명해주어야 합니다. 이는 곧 지금껏 무심코 지나쳤던 고통당하는 이웃들의 삶의 고단함을 주목하고 자신의 온몸으로 그것을 증언하는 자가 되는 것입니다. 나아가 우리는 그들 곁에 다른 이들이 찾아와 함께 머물도록 고난의 현장 바깥에 있는 사람들을 일깨우는 나팔수가 되어야 합니다.

김종일: 천막카페라는 이름으로 접근하는 것 자체가 지극히 미셔널하지 않나요? 천막카페란 말 자체가 특정한 교회 이름도 없고 교단도 없는 매우 기독교적인 용어잖아요. 쉽게 말해서 상징의 전환이 일어난 거죠. 교회가 어떤 일을 할 때 거기 반드시 '교회 이름'을 넣어야 한다는 강박에서 자유로워진 공간이 바로 천막카페입니다. 거기서 '우리들만의 리그' 같은 모임을 갖는 것이 아니라 찾아오는 불특정 다수를 향해 손을 내밀어 돕고 함께 걷는 것 자체가 바로 그리스도인으로서의 우리의 정체성이죠.

또 한 가지 목회자들이 개교회 안에서의 사역을 뛰어넘어 함께

 제3부 세월호 광장 천막카페에 대한 목회자 대담

동역하고 협력하는 모델을 만들어냈다는 점도 소중한 열매라고 생각됩니다. 천막카페가 개별 시민 혹은 유명 시민단체의 아이디어에서 비롯된 것이 아니라 목회자모임을 통해 탄생했다는 사실은 많은 이들에게 신선한 충격을 주었습니다. 이는 역설적으로 그만큼 목회자들이 한국사회에서 신뢰를 잃었다는 반증이겠지요. 목사들이 설교, 성례 집례, 상담과 심방 등 교회 내부의 사역에는 전문가들이지만 시민사회 속으로 들어가 사역하는 일에는 그렇지 않잖아요. 이것은 또 다른 차원의 문제입니다. 목회자가 원하든 원치 않든, 그는 늘 사람들 앞에 서야 하는 까닭에 대체로 공적인 정체성이 형성되지 않습니까? 그러다 보니 보여주기식 사역에 은근히 중독되기 십상이고요. 그래서 소위 말하는 '전시 강박증'이 목회자들에게 유독 강하게 나타나죠. 그러나 천막카페는 그런 것을 전혀 용납하지 않습니다. 천막카페에서 생존(?)하려면 아무도 알아주지 않는 자리에서 묵묵히 섬기는 훈련이 되어 있지 않으면 안 되기 때문입니다.

황영익: 맞습니다. 미셔널한 삶이란 자기 자신을 드러내고자 함이 아니잖아요. 하나님께 파송을 받아 인간의 몸을 입고 이 땅에 오신 예수님처럼, 자기의 본래 모습을 부정하고 변혁시켜서 타자를 위해 녹아지는 것이야말로 미셔널한 증인이 되는 과정이지요. 삼위일체 하나님의 사랑을 증언하기 위해 무언가를 연출하려고 하

는 것은 이미 미셔널 운동이 아닙니다. 우리 자신을 선전하고 홍보하겠다고 의도하는 즉시 미셔널적 진정성은 실종되고, 사람들도 대번에 그 숨은 저의를 알아차리고 말지요. 오히려 우리의 존재 자체가 자연스럽게 혹은 있는 그대로 현장에서 드러나는 것이 미셔널적 삶이자 증언입니다. 이러한 측면이 천막카페의 형성 과정과 운동 방식에서 두드러지게 나타나는데요, 저로서는 이 부분이 무척 감사하고 의미 있게 보입니다.

정성규: 이 대목이 정말 중요한 것 같아요. 천막카페는 존재의 자연스러움이 삶으로 드러났기에 주변에서도 자연스럽게 반응하기 쉬웠던 겁니다. 또한 복음을 말로 표현하는 것이 아니라 섬김을 통해 증언하면서 이로 인한 공감대가 증폭된 거죠. 사실 세월호 광장에는 우리 사회에서 오랫동안 사회적 이슈에 대해 문제를 제기해온 단체들이 상당수 포진되어 있었습니다. 그런데 이들은 정치적인 목적이나 해당 문제 외에는 별다른 관심이 없는 단체들입니다. 반면 천막카페는 특정한 정치적 주장이나 목적을 달성하기 위한 모임이 아니라 고난당한 사람들 곁에 시민들이 자연스럽게 모일 수 있도록 공간을 개설하고 아무런 대가 없이 커피를 제공한 모임이었습니다. 광장과 카페와 기독교적 봉사가 만난 것이지요. 우리가 주목할 것은 카페라는 공간으로 교회 밖의 시민들이 찾아온 것입니다. 그곳에서 일방적인 전도 대신에 삶을 통한 그리스도

　　　제3부 세월호 광장 천막카페에 대한 목회자 대담

인으로서의 증언이 가능하다는 것을 확인한 것이지요.

천막카페를 운영하기 위해서는 상당한 자원이 필요합니다. 그래서 처음에는 다들 비용 걱정을 많이 했는데요. 신기하게도 이곳은 자발적 후원이 끊이질 않아요. 세월호 참사 희생자 가족에 대한 애틋한 마음과 진실 규명에 대한 열망이 한데 뭉쳐 그 많은 후원을 이끌어낸 것입니다. 일반 교회가 주도하는 대규모 행사에서는 찾아볼 수 없는 개미군단의 후원이 천막카페가 존속할 수 있었던 가장 큰 원동력이었습니다.

황영익: 저도 일상성에 대해서 간단히 보충 설명을 드리겠습니다. 레슬리 뉴비긴은 복음을 증언할 때 항상 '증인됨'을 강조했습니다. 즉 그는 '전파'나 '전달'이라는 단어보다 증언이라는 포괄적인 개념을 사용했습니다. 증언은 다름 아닌 증인됨을 의미합니다. 뉴비긴은 증언의 세 가지 방식에 대해 이렇게 말했습니다. 증언은 첫째로 말을 통해서, 둘째로 행위를 통해서 이루어집니다. 끝으로 그는 공동체 자체가 증언의 통로라고 말합니다. 곧 교회 회중들이 성령 안에서 기쁨이 충만한 예배를 드리며 함께 기뻐하고 사랑하는 모습 자체가 복음의 증언이라는 것입니다. 교회 공동체가 행복하고 건강하고 생명력이 넘칠 때 그 자체가 곧 증언이 됩니다. 그동안 한국교회는 주로 말을 앞세워 복음을 증거하려고 했습니다. 그러나 이는 행위의 차원과 공동체의 차원이 빈약하였기에 온전

한 증인됨을 성취하지 못하였다고 해도 과언이 아닙니다. 천막카페는 비록 교회 간판이나 십자가를 걸지 않았지만, 진정성 있는 섬김의 모습을 통해 그리스도를 드러내는 증언의 차원이 존재한다는 것을 실증한 좋은 사례라고 생각합니다.

✸ 성서:
천막카페의 성서적 근거

황영익: 천막카페의 핵심 포인트는 '천막'보다 '카페'에 있다고 생각해요. 저는 천막이라고 하면 괜히 외국의 '난민수용소'가 떠올라요(웃음). 구약성서에 나오는 이스라엘 백성들이 출애굽한 다음 광야에서 머물렀던 '유랑공동체'도 실은 천막공동체였지요. 세월호 광장에 세워진 천막들이 성격은 다르지만 일반 주택이나 빌딩과 다른 존재 형태를 지닌다는 면에서는 이스라엘의 유랑공동체와 공통점이 있다고 보입니다. 한곳에 뿌리내린 주택처럼 고정성을 갖지 못하고 임시성 혹은 유동성을 내포하는 정주 형태가 바로 천막입니다. 이러한 불안정성과 긴장성을 지닌 일련의 천막들 가운데 천막카페가 있다는 것은 매우 의미심장해 보입니다. 무엇보다 단식용 텐트와 희생자를 위한 분향소가 있는 중간에 음료를 접대하는 환대의 자리가 있다는 것이 더욱 중요해 보입니다. '카페'이기 때문에 이 '천막'은 쉼터로서의 성격이 더욱 두드러집니다. 이

것이 천막카페가 다른 천막들과 함께 존재하면서도 결정적인 차별성을 지니는 면이지요. 동시에 카페는 누구나 들어와서 함께 차를 나눌 수 있는 공간이잖아요. 따라서 '천막카페'의 가장 중요한 정체성은 함께함의 자리입니다. 우리가 당신들을 위해서 무언가를 해준다는 것이 아니라 우리가 곧 당신과 함께하는 공간인 것입니다.

김종일: 저는 천막이라는 개념과 표현에서 의미를 찾고 싶어요. 세월호 참사에 대응하기 위해 결성된 시민들의 모임과 형태가 시작 단계에서부터 '천막' 형태였잖아요. 그래서 저희 카페도 '천막카페'라는 이름을 사용했고요.

천막 이미지는 구약성서 창세기에 나오는 족장들의 생활방식을 연상시켜줍니다. 구약성서에 보면 믿음의 조상인 아브라함에게서 시작되는 족장들의 삶, 그리고 출애굽한 이스라엘 백성들의 광야생활이 모두 천막을 기반으로 하는 주거 문화입니다. 출애굽기를 보면 광야에서 하나님이 이스라엘 백성들을 만나주시는 곳도 천막(=회막)이었고요. 이렇게 성서는 하나님이 자신의 백성을 만나주시는 장소의 '임시성'과 '이동성'을 자연스럽게 부각하고 있습니다. 또한 성서는 하나님께서 미리 홀로 가나안에 자리 잡고 이스라엘이 도착하기를 기다리는 것이 아니라, 그들의 광야 순례 여정 가운데 함께하시며 장막에 거하시는 임재의 형태로 자신을

 제3부 세월호 광장 천막카페에 대한 목회자 대담

계시하시는 분임을 보여줍니다.

또 하나 천막카페에는 쉼의 의미가 있습니다. 광화문의 천막카페는 쉼이 있는 곳입니다. 피켓 시위를 하는 분들도 종종 물을 찾아 이곳에 들릅니다. 관광객들도 자주 들르고요. 그곳에서 잠깐 걸음을 멈추고, 쉬면서, 숨을 고르는 것이지요. 우리는 그동안 교회를 표현할 때 지나치게 프로파간다(propaganda)적인 부분에만 초점을 맞췄던 것 같아요. 세상이 지독한 상실과 곤경을 경험하는 순간에도, 교회는 자기선전에만 초점을 두고 전도라는 미명하에 광고와 홍보에 정신을 빼앗겼지요. 그러나 천막카페는 이런 자기과시나 자기선전 대신 시민의 필요를 실질적으로 채워주었습니다. 예수님의 존재 자체도 하나님의 영원한 말씀이 육신이 되어 우리 가운데 거하신 것이잖아요. 말씀이 육신이 되었다는 요한복음의 말씀도 원어적인 의미는 말씀이 육신이 되어 '천막을 쳤다'고요. '천막을 치다'라는 단어가 헬라어로 '스케노'인데, 이 단어는 광야의 회막, 즉 성막이 세워졌을 때 하나님의 임재의 상징으로 나타난 '쉐키나'(구름)란 단어에서 왔죠. 즉 구약에서 하나님의 임재를 묘사하는 영광의 구름이 신약에서는 예수 그리스도의 성육신으로 재확인되고, 그것은 이 땅에서 고통당하는 자들 가운에 세워지는 세상과 하늘과의 만남의 장소로서의 천막과 관련된 이미지를 보여줍니다. 우리가 세월호 참사 희생자 가족들과 함께하고 그들을 위로하기 위해 모여드는 시민들의 쉼터로서 천막카페를 섬길 때, 우리는 그곳에서 하나님의 임재를 경험하는 성육신의 선교를 하는 것입니다. 저는 예수 그리스도께서 화려한 돌로 만든 예루살렘 성전이 아닌 들판, 예루살렘이 아닌 갈릴리, 기득권 세력보다 민초들과 함께하신 것이 우리 시대에는 다름 아닌 천막카페에서 반복된다고 믿습니다. 적어도 저는 천막카페에서 봉사하는 목회자들이 말하기보다 듣는 일을 열심히 하고, 대접받기보다 커피를 내려주며 대접하고, 주목받는 자의 자리가 아닌 시민들 속의 한 사람으로서 자기 자리를 묵묵히 지키는 모습에서 바로 성육신이라는 천막으로 오셨던 예수님의 흔적을 보았습니다.

김성률: 천막카페는 안식이 거세된 현장에서 안식을 제공합니다. 그런데 이때의 안식이란 단순히 쉬었다 가는 의미만 있는 것은 아닙니다. 얼마 전 한 엄마와 대화를 나누다 천막카페의 새로운 역할이 떠올랐습니다. 광화문 광장은 문화제가 벌어지는 곳이기도 하지만 반대로 격렬한 시위 현장으로 돌변하는 곳이기도 하잖아요. 통상 시청 앞의 서울 광장에서 시작하여 광화문 광장에 도착하려는 시위대와 경찰의 무력 충돌이 불가피한 현장이지요. 이러한 현장에 함께할 목적으로 유모차를 끌고 나온 엄마들이 있어요. 사실 이들에게 현장은 두렵고 생소한 장소일 것입니다. 제아무리 굳은 결심을 하고 광장에 나왔다 하더라도 경찰 병력과 시위대 간의 충돌이 난무하는 현장에서는 어떻게 행동해야 할지 혼란

     제3부 세월호 광장 천막카페에 대한 목회자 대담

스러울 수밖에 없습니다. 이때 "그냥 집에 가야 하나?", 아니면 "계속 남아 있어야 하나?", "나는 어떤 선택을 해야 하지?"라는 마음의 어려움이 생깁니다. 종종 천막카페에 이런 혼란을 겪는 분들이 들릅니다. 그분들과 차를 마시며 자연스럽게 대화를 할 때가 있어요. 이야기를 나누다 보면 어느새 마음이 안정되죠. 그중에는 다른 종교인들도 있어요. 기독교 신자도 있고 소위 '가나안 성도'도 있고요. 그들 모두가 같은 장소에서 차 한 잔을 나누면서 놀란 마음을 진정시키고 다시 여유를 찾곤 합니다. 그리고 천막에서 잠시 대화하는 동안 자신의 경험과 사고를 복기해보죠. 얼마 전에 열렸던 알파고와 이세돌 9단의 세기의 바둑 대결이 끝난 후 누가 제게 그러더군요. "인간이 제대로 할 수 있는 것은 복기다." 이세돌 9단이 첫 세 판을 연속해서 패한 후 친구들과 함께 밤을 지새워가며 복기를 거듭했다는 이야기를 들었습니다. 우리의 삶이, 운동이 격렬할수록 이런 복기의 장소가 꼭 필요한 것 같습니다. 안식처란 단순히 회상과 후퇴의 장소가 아닙니다. 안식처는 복기의 공간이기도 하지요. 즉 그곳은 자신이 살아온 경험을 되돌아보고 창조적인 결정을 내리는 주체적 장소입니다. 세월호 광장의 천막카페는 우리 시대가 통과해야만 하는 아픔과 혼란을 정직하게 대면하면서, 용기를 내어 다시 걷고자 하는 이들에게 필요한 복기의 장소이자 편안한 안식의 공간입니다.

정성규: 우리 시대에 커피는 누구나 즐겨 찾는 일상성과 대중성을 지닌 기호식품입니다. 만약 천막카페가 운동성만을 지나치게 고수했다면 지금처럼 사랑받지는 못했을 거예요. 그런 점에서 저는 현재 대다수 교회가 운동권 방식으로 일을 하고 있다고 생각합니다. 교회가 지역 주민들의 일상에 자연스럽게 녹아 들어가야 하는데, 전도라는 의도적인 목적을 갖고 파라솔을 설치한 다음 한손에는 커피를, 또 다른 손에는 전도지를 들고 일종의 호객행위를 하잖아요. 쉽게 말해, 커피에다 전도지를 끼워파는 형식입니다. 그러니 사람들에게 공감을 얻지 못하는 것이 당연합니다.

앞에서도 말씀드렸지만 저희도 천막카페에 운동성을 가미하려고 기웃거렸던 사례들이 여러 번 있었고, 심지어 천막카페 사역에 자신의 이미지를 교묘하게 끼워파는 일이 곧잘 발생했습니다. 그런 의도를 갖고 접근하는 사람들은 저희가 그저 천막카페로만 존재하려는 것에 대해 정치적 감각이 없다는 식의 폄훼를 서슴지 않았죠. 그러나 천막이 세월호 참사 희생자 가족들은 물론 시민사회로부터 외면당하지 않고 오히려 그들을 보호하는 일의 중심이 된 것은, 그동안 교회들이 해온 의도적 접근 방식이 아닌 참사 현장의 한가족이 되는 것을 두려워하지 않았기 때문입니다. 저는 이것이 하나님 아들의 성육신 사건과 본질적인 면에서 일치하는 면이 있다고 생각합니다. 예수님께서 사람인 척한 것이 아니라 진짜 사람이 되신 것 말입니다.

제가 25년간 목회하면서 느낀 것 중 한 가지는 어느 교회든 꾸준히 하는 일을 제일 싫어한다는 것입니다. 대부분의 교회가 당장 큰 효과를 거두는 일에만 에너지를 집중하죠. 저희 교회 식구들이 가톨릭이 운영하는 한 기관에서 10년을 봉사했습니다. 처음 그곳에 갔을 때 그 기관의 직원들이 저희에게 이렇게 묻더라고요. "얼마나 봉사하실 생각인가요?" 그들이 이런 질문을 한 데는 다 이유가 있었습니다. 그동안 많은 교회가 와서 봉사를 했는데 대부분 6개월을 넘기지 못했고, 3개월을 못 채우는 경우도 있었답니다. 심지어 어느 날 아무 말도 없이 안 오길래 연락해보니 이제 그만하기로 결정했다는 식의 답변이 돌아온 적도 있다더군요. 그래서인지 처음에는 저희 교회를 신뢰하지 않는 기색이 역력했습니다. 교우들과 다시 논의했습니다. 이 일을 시작한 이상 우리는 지속성에 포인트를 두자고 했습니다. 그래서 저희 자체적으로 정한 기한이 그쪽에서 그만하라고 할 때까지였습니다. 종료 시점을 모르는 무한대의 봉사가 어렵긴 하지만, 그렇게 하자고 결심을 했죠. 기독교가 믿는 진리가 무한대의 영역을 포괄하는데, 실상 그리스도인들의 봉사나 섬김은 너무나 단편적이고 단발적인 경향이 큽니다. 천막카페가 시작한 지 비록 2년밖에 안 되었지만, 이 사역이 가치를 담보하려면 앞으로 계속 지속되어야 하겠지요. 세월호 광장에 모종의 의도를 가지고 나왔던 개인이나 단체들 중에는 시간이 지나자 슬쩍 사라진 경우가 대부분입니다. 그들은 요한복음 13:1의 말씀을 기억해야 할 것입니다. 곧 예수님께서는 자기 백성을 "끝까지 사랑"하셨습니다.

황영익: 천막카페와 성서의 연결고리를 찾는 작업에서 우리는 충분히 근거 있는 메타포를 발견할 수 있다고 생각합니다.

첫째는 환대의 영성입니다. '환대'(hospitality)는 성서 전체를 관통하는 하나님의 명령이자 하나님의 백성의 삶에서 강조되는 핵심 요소입니다. 어떻게 보면 천막카페는 '환대의 신학'에 기초하고 있다고 해도 과언이 아닙니다. '환대'는 단순히 손님을 대접하는 차원 이상으로, 곧 타자에 대한 섬김을 말합니다. 구약성서를 보면 환대는 일차적으로 고아와 과부와 나그네와 같은 사회적 약자를 향한 공적인 태도를 총칭합니다. 그리스도인들이 성서의 환대 속에 담겨 있는 정치-사회학적 지평을 지워버리면, 성서의 환대 사상은 가까운 손님 접대나 교인들 간의 수평적 교제의 사적인 차원에 한정되는 오류에 빠질 수밖에 없습니다. 신명기 율법은 "고아와 과부와 나그네를 영접하라"고 거듭 명하고 있고, 하나님이 "고와와 과부를 위하여 정의를 행하시며 나그네를 사랑하여 그에게 떡과 옷을 주시는 분"(신 10:18)이라고 매우 분명하게 밝히고 있습니다. 여기서 고아와 과부는 부모 혹은 남편이 없어서 사회적으로 보호받지 못하고 절대적 빈곤에 노출된 자들입니다. 또한 나그네는 여행자라는 낭만적 의미를 지닌 존재가 전혀 아니지요. 이는

　제3부 세월호 광장 천막카페에 대한 목회자 대담

요즘 지구촌 곳곳에서 발생하는 난민과 같은 유랑민들을 말합니다. 고향을 떠나 유랑하며 생존의 위협을 받는, 절대적 위기에 처한 자들이지요. 그러한 사회적 약자나 생명의 위험에 처한 자들을 기꺼이 맞아들이고 식사와 잠자리를 제공하여 생존과 정착을 돕고 함께 살아가는 것이 환대입니다. 이것은 소극적으로는 자기 집을 개방하는 의미가 담겨 있고요, 좀 더 적극적으로는 그들을 한 공동체의 일원으로 수용하고 더불어 살아가는 것을 말합니다.

물론 오늘날 한국에서 구약 시대와 같은 의미에서의 고아와 과부는 찾기 어렵고, 또 난민과 같은 유형의 유랑민들을 만나기도 그다지 쉽지 않습니다. 그러나 고아와 과부와 나그네란 개념이 의미하는 삶의 특징과 지평을 오늘날 우리 삶에 적용해보면, 이들은 우리 사회에서 최악의 고통을 겪으며 아파하고 눈물 흘리는 자들이라고 말할 수 있을 것입니다. 그런 점에서 천막카페는 세월호 참사 희생자 가족을 환대하는 의미가 있습니다. 구약교회와 신약교회가 절대적 소명으로 삼았던 환대의 정신이 우리 시대에 천막카페 사역 속에서 구현되고 있는 것입니다.

둘째는 예수님께서 "이 작은 자 중 하나에게 냉수 한 그릇이라도 주는 자는 결단코 그 상을 잃지 아니하리라"(마 10:42)라고 말씀하셨잖아요. 저는 천막카페에서 커피 한 잔 대접하고 생수 한 잔 나누어드리는 장면이 이 말씀과 자꾸 오버랩 돼요. 천막카페에서 음료를 대접하는 것은 특별한 사역도 아니고 거창한 선교도 아닙니다. 그저 물 한 잔을 주고받는 단순한 행위만 있습니다. 창세기 18장에 보면 아브라함이 천막 입구에 앉아 있는 장면이 나옵니다. 중동 사람들은 날씨가 아주 더운 한낮에는 천막 안쪽 그늘에 앉아 쉬는데, 어찌된 영문인지 아브라함은 천막 밖으로 나와 행인들이 왕래하는 길을 주시하고 있습니다. 그래서 학자 중에는 아브라함이 이런 더운 날씨에 길을 지나가는 나그네가 있으면 그를 데려다 환대하려고 일부러 천막 밖에 나와 있었다고 해석하는 사람도 있습니다. 때마침 아브라함은 지나가는 행인을 발견하자마자 그들을 집으로 영접하고 아주 융숭하게 대접합니다. 여기서 아브라함은 환대의 성품을 가진 자로 소개됩니다. 아브라함의 이 행동을 가리켜 신약성서 히브리서에서는 "나그네 대접하기를 힘쓰라. 부지중에 천사를 대접한 이들도 있었다"라고 말씀합니다. 사실 아브라함은 지나가는 행인이 천사인 줄 알지도 못한 채 이들을 대접했습니다. 히브리서의 말씀이 아브라함과 그 가족을 두고 하는 말인지는 분명치 않지만, 구약의 토라를 잘 아는 신약 시대의 유대인들은 자연스럽게 이 말씀이 아브라함의 환대를 지시한다고 생각했을 것입니다. 이처럼 환대의 행위에는 인간의 이성으로 미쳐 다 파악할 수 없는 신비가 숨어 있습니다. 천막카페가 그동안 무수히 많은 사람들에게 커피와 음료와 식사를 대접했는데, 혹시 모르지요, 그중에는 부지불식간에 사람으로 분한 천사들이 다녀갔을지도요(웃음).

　　　제3부 세월호 광장 천막카페에 대한 목회자 대담

셋째로 신약성서에 등장하는 밥상공동체에서 천막카페 사역과의 모종의 연결고리를 발견할 수 있습니다. 복음서를 보면 예수님은 가는 곳마다 사회적 약자들과 식탁 교제를 나누셨지 않습니까? 예수님 주변에는 당시 유대교의 틀 안에서 소외되고 배제된 세리와 죄인과 창녀들이 넘쳐났고, 그럼에도 예수님은 이들과 격의 없이 식탁에서의 사귐을 즐겼습니다. 신약 시대에 식탁 교제는 그 식탁에 참여하는 사람들이 가족이자 친구이자 동료라는 것을 내포합니다. 그리고 이러한 식탁교제의 흐름은 초기 교회 그리스도인들의 성만찬 자리에서도 계속 이어집니다. 그것은 요즘처럼 간소하게 진행되는 다소 형식적인 성만찬과는 다릅니다. 초기 교회 그리스도인들은 식탁에서 함께 마음껏 먹고 마시고 대화를 나누는 사귐의 시간을 가졌습니다. 그들은 식탁 교제를 통해 성령의 하나 되게 하시는 띠를 경험했습니다. 우리 사회의 구성원들이 원자화되고 파편화된 존재로 살아가는 오늘날, 식탁에서의 만남을 매개로 한 공동체성이 교회의 존재방식이 되어야 하지 않을까요? 저는 천막카페가 그리스도의 이름으로 이런 코이노니아의 공간을 창조하는 신학적 신호를 보여주고 있다고 생각합니다.

김성률: 천막카페가 감당해온 환대의 역할을 고려할 때, 한 가지 생각해볼 점은 국가권력이 환대의 의미를 다르게 해석할 수 있다는 것입니다. 개인의 환대가 정치권력에 의해 불법으로 낙인찍힐

수 있는 지점이 있잖아요. 이러한 점에서 '기독교적 환대신학'이라 일컬을 수 있는 강남순 교수의 『코즈모폴리터니즘과 종교』(새물결플러스, 2015, 176-177)는 매우 중요한 이야기를 합니다. 강 교수는 환대가 개인적 차원에 머물고 정치적 관계를 고려하지 않을 때 오는 한계에 대해 문제의식을 제기합니다.

1997년 프랑스에서 자클린 델톰이란 사람이 '미등록 이민자'를 자신의 집에 머물게 했는데, 이것이 국가의 법을 어기는 '범죄' 행위로 간주되어 구속을 당하게 된다. 1945년에 발효되고 1993년에 개정된 프랑스 이민법에 따르면 외국인에게 신분증명서를 확인하지 않는 행위, 곧 '미등록 이민자'를 신고하지 않는 행위는 5년 이하의 감옥형 또는 20만 프랑의 벌금형에 처해질 수 있다. 그녀의 행위를 많은 이들이 지지했지만, 그녀는 구속된 지 일주일 만에 유죄판결을 받았다. 이 사건은 현대사회에서 결국 환대란 개별적 '주인'과 '손님'의 구도가 아니라 '주인-손님-국가'라는 삼자 간의 구조 안에 놓이게 됨을 보여준다. 따라서 환대의 신학은 매우 구체적인 정황에서 논의되어야 하며, 동시에 이웃 사랑이 낭만적이거나 추상적으로가 아니라 정치 현실과 치열한 싸움을 통해서 구성되며 확대될 수 있음을 함축하고 있다.

천막카페를 통해 드러난 정치적 저항의 의미가 이 지점에서 더욱 선명해지는 것 같습니다. 세월호 참사 희생자 가족들을 반대하는 이들만이 아니라, 때로는 함께하는 사람조차도 희생자 가족들을 특정한 정치공학 속에 가둘 때가 있어요. 곧 자신들의 입지 보전과 세력 확장을 위한 방편으로 유가족들을 이용하려고 할 때가 있습니다. 실제로 희생자 가족들과 대화하다 보면 이런 부분에 대단히 민감하게 반응하는 것을 발견하게 됩니다. 이제는 세월호에 얽힌 문제가 희생자 가족이 아닌 주변 사람들에 의해 정치적으로 악용되지 않도록 그 실체를 직시하는 일이 필요합니다. 또한 사회적 약자들에 대한 환대가 첨예한 정치적 환경 가운데서 공적인 방식으로 수행될 때, 그것은 단지 개인적 차원의 환대만이 아니라 국가권력 혹은 권력기관을 향한 맥락에서 재해석을 요구한다는 점을 우리가 직시하면 좋겠습니다. 저는 정치권력에 대한 고려가 환대의 신학에서 매우 중요한 지점을 차지한다고 생각해요. 우리가 세월호 참사의 실체를 직면하면서 희생자 가족에 대한 환대의 지점을 고민할 때, 이 점은 더욱 중요해질 것입니다.

황영익: 네, 정치가 모든 것을 규정하는 사회 속에서 비정치적인 영역은 사실 그 어디에도 없지요. 비록 의도적인 정치 행위가 아니라고 하더라도 정치적으로 해석될 수밖에 없는 것이 현대사회의 현실이고요. 저는 천막카페가 정치적으로 해석되는 것에 대해서는 전혀 두려워하거나 우려할 필요가 없다고 생각합니다. 세월호 희생자 가족들의 원초적 고통의 표현에 대해서도 정치적 색안

경을 끼고 보는데, 천막카페 사역에 정치적 해석이 뒤따르다는 것은 어쩌면 당연한 일이지요. 다만 우리가 해야 할 일은 그리스도인으로서 우리 자신의 신앙적 진정성을 끝까지 붙잡는 것이어야 하지 않을까요. 앞서도 환대에 대해 좋은 말씀들을 하셨지만, 사실 환대라는 행위는 이기적이고 배타적이고 차별적인 발화가 가득한 세상에서 그 행위 자체만으로도 기존의 질서를 부정하고 전복시키는, 대항적·대조적·대안적인 정치-사회적 행위입니다. 초기 교회가 로마 제국 치하에서 극심한 핍박을 받은 이유는 오직 예수 그리스도만을 주님으로 고백하고 황제 숭배를 거부한 것에도 기인하지만, 동시에 서로 이타적인 사랑을 실천하는 성령 공동체로서의 삶의 양식이 로마 제국의 이기적 삶의 양식과 정면으로 충돌했기 때문이라고 학자들이 분석하지 않습니까? 우리가 예수 그리스도의 성육신적 모델에 기초한 존재 양식을 추구하는 것 자체가 정치적 성격을 지닌다고 봅니다. 따라서 우리가 그리스도인으로서의 양심과 신앙적 진정성을 지니고 행동하려는 태도가 가장 중요하다고 생각해요.

김성률: 목사님들과 함께 대화를 나누다 보니 성서에서의 환대의 의미에 대해 주목하게 되는데요. 문득 신약성서 누가복음에 나오는 세리 삭개오의 이야기가 떠오릅니다. 사실 삭개오를 먼저 찾아간 것은 예수님이었습니다. 겉으로는 삭개오가 자신의 집에서 예

 제3부 세월호 광장 천막카페에 대한 목회자 대담

수님을 영접한 것 같지만, 실제로는 예수님이 삭개오를 환대한 것
이잖아요. 모든 사람에게 공공의 적으로 낙인찍힌 삭개오의 집에
찾아간 예수님이 역설적으로 환대의 주체가 되는 것이지요. 이런
점에서 보면, 삭개오를 찾아가 그에게 대접을 받는 것 자체가 당
시의 통념을 해체하는 성격이 강합니다. 로마의 앞잡이 노릇을 하
면서 동족들의 고혈을 빨아먹던 세리 삭개오와 함께한다는 것 자
체가 그와 함께하기를 거절하는 이들을 향한 저항의 성격을 내포
합니다. 이렇듯 환대는 어떤 상황에서는 그것을 베푸는 자만이 아
니라 받는 자까지도 하나로 묶어줍니다. 세월호 광장에 자리한 천
막카페 안에서 누군가에게 차를 대접하는 사람이나 그 대접을 받
아들이는 사람 모두 사실상 동일한 의미의 망 안에 포섭되는 것이
지요. 이때부터는 누가 누구를 환대했느냐가 아니라, 서로가 서로
를 환대하는 동일 공간에 참여한다는 의미가 더 두드러집니다. 사
실 기원후 1세기 팔레스타인의 상황이나 오늘 한국사회에서의 광
장의 현실은 대단히 유사한 점이 있습니다. 유대인들이 예수님과
삭개오가 함께 있는 공간을 불법의 온상으로 간주하듯이, 세월호
광장의 환대 공간을 위험한 장소로 간주하고 싶어 하는 이들이 있
습니다. 고통당하는 이들과 진실을 밝히려는 이들을 싸잡아 불법
세력으로 간주하고 이들에게 '빨간딱지'를 붙이는 자들이지요. 이
런 상황에서 누군가가 '환대의 생태계'를 만들어가는 것은 기득
권 세력에 대한 저항의 의미로 비칠 수밖에 없습니다. 천막카페의

성서적이고 실천적인 저항의 의미가 여기 있습니다. 세월호 광장에 상주하는 천막카페는 이런 점에서 세월호 참사가 잊히길 원하는 자들에게는 상당히 부담스럽고 화가 나는 존재입니다. 실제로 수차례에 걸쳐 천막 자체를 "다 뭉개버리겠다"고 협박하는 이들도 있었고요.

정성규: 저는 저항의 의미를 조금 다른 각도에서 바라볼 필요가 있다고 생각합니다. 세월호 참사에 대해 무관심으로 일관하는 자, 그것을 애써 지우려는 자, 광장을 해체하고 파괴하려는 자들에 대한 저항도 필요하지만 하나님을 향한 저항도 필요합니다. 물론 이것을 저항이라는 말로 표현하는 데는 신학적인 어려움이 있기에 다른 적절한 말이 필요할 것입니다.

창세기 19장에 보면 하나님께서 조카 롯이 거주하는 소돔과 고모라를 심판하실 계획을 갖고 계심을 알게 된 아브라함은 하나님과 무려 여섯 번에 걸친 협상 끝에 의인 열 사람만 있으면 그곳을 멸망시키지 않겠다는 다짐을 받아냅니다. 어떤 면에서 이것은 하나님의 심판 의지에 대한 아브라함의 저항입니다. 제가 약간의 상상력을 발휘해보면, 아브라함의 의중에 있었던 소돔에 거주하는 의인 열 명은 롯의 가족이라고 볼 수 있습니다. 아브라함은 롯과 그 가족이 필경 하나님께서 인정하시는 의인들이라고 생각했던 것 같습니다. 그래서 소돔으로 달려가서 즉각 롯의 가족을 데리고

 제3부 세월호 광장 천막카페에 대한 목회자 대담

나오지 않고 자기 천막에서 심판 당일 아침을 맞이했죠. 하지만 그의 기대와는 달리 아브라함은 소돔과 고모라가 불로 심판받는 것을 멀리서 목도하게 됩니다. 아마 아브라함은 조카 롯이 죽었다고 생각했을 거예요. 그러나 롯은 구사일생으로 살아남았습니다. 하나님께서 천사를 통해 그를 반강제로 살리셨던 거죠. 창세기는 그 대목을 가리켜 하나님께서 "아브라함을 생각하사 롯을 그 엎으시는 중에서 내보내셨더라"(창 19:29)라고 기록합니다. 하나님께서 의인 열 명이 없는 소돔과 고모라를 심판하시는 와중에도 아브라함을 생각하셔서 '롯의 가족'을 살려주셨다는 것입니다. 이 장면은 어찌 보면 하나님의 심판에 대한 아브라함의 저항이고, 그런 아브라함의 저항을 하나님께서 기꺼이 받아주신 것입니다. 하나님께 저항하기까지 협상의 끈을 놓지 않았던 아브라함의 열망은 롯과의 특수한 관계성에서 비롯됩니다. 창세기 11장은 아브라함이 하나님의 부르심에 순종해서 고향을 떠날 때 조카 롯도 함께 아브라함을 따라나섰다고 기록합니다. 그러니까 롯은 아브라함의 하나밖에 없는 혈육인 셈입니다.

저는 우리 그리스도인들이 교회 안의 지체들은 물론이거니와 우리 사회의 연약한 자들, 고난당하는 자들을 위해 마치 아브라함처럼 하나님께 거룩한 저항을 시도할 수 있는 수준의 열심과 믿음이 필요하다고 봅니다.

김종일: 현재 한국교회가 보여주는 문화 중 제가 조금 의아하게 여기는 부분은 죽음에 대한 반응입니다. 대부분의 교회에서 죽음을 기피하거나 외면하는 현상이 두드러집니다. 심지어 장례식조차도 대단히 간편하고 신속하게 진행합니다. 교회가 죽음의 숭고한 의미를 묻는 가운데 시간 여유를 갖고 충분히 슬퍼하는 것을 불신앙으로 간주하는 경향이 강합니다. 물론 사랑하는 사람이 곁을 떠나는 일은 인간이 감내하기에는 심히 부담스럽고 괴로운 일임이 분명합니다. 그럼에도 우리는 죽음의 가치와 의미를 너무 가볍게 취급하고 있지는 않은지 진지하게 성찰할 필요가 있습니다.

특별히 세월호 참사처럼 많은 사람이 한꺼번에 억울하게 죽어간 사건 앞에서 그 죽음이 지닌 무게를 함부로 깎아내리는 것은 우리 사회나 교회가 죽음을 대하는 방식이 얼마나 천박한지를 드러내 줍니다. 세월호 참사 이후 우리는 지금까지와는 다르게 너무나 긴 장례를 치르고 있습니다. 사실 하루라도 빨리 이 장례를 끝내고 싶은 분들은 그 누구보다도 희생자 가족들일 것입니다. 문제는 정부나 보수 진영이 희생자 가족들의 바람을 끝끝내 무시하고 왜곡하는 데 있습니다. 신약성서 요한복음 11장에 보면 예수님께서 사랑하는 제자 나사로가 죽어 안치된 무덤에 직접 찾아가 애도를 표하는 장면이 나옵니다. 우리 욕심대로 하면 예수님이 당장 기적을 베푸셔서 나사로를 살리시면 좋겠는데 그분은 그렇게 하는 대신 비통에 빠진 유가족들과 공감 어린 대화를 나누시고 직접 무덤

          제3부 세월호 광장 천막카페에 대한 목회자 대담

에 찾아가셔서 슬피 우시기까지 하십니다. 저는 우는 자들과 함께 운다는 것은 그 상실의 시간을 함께하는 것이라고 생각합니다. 예수님이 바로 그 점을 실증적으로 보여주셨잖아요. 그런 면에서 천막카페는 긴 시간 동안 희생자 가족 곁에서 그들을 위로하는 한편, 방문객들과 함께하는 공간을 사수함으로써 자신에게 부여된 소명을 묵묵히 감당했다고 여겨집니다.

김성률: 철학자 발터 벤야민은 심판의 궁극성이 모든 종결된 사건을 미종결된 것으로 보게 한다고 했습니다. 여기서 작동하는 '유예기간에 관한 사고'는 '최종적 심판자'를 종말의 시간까지 기다리는 것이기에 현실 역사에서 벌어진 인간의 사법적·종교적·사회적 종결에 대하여 단정할 수 없는 유예적 관점을 갖도록 하지요. 이것을 믿는 사람은 지나간 과거와 현재 직면한 고통과 불의와 죄악과 죽음에 연루된 일들을 단지 '사법적 코드' 혹은 '대중적 코드'나 '언론의 코드'만으로 단정하지 않습니다. 오히려 그런 코드 밖에서 움직이고 있는 시선에 주목합니다. 쉽게 말해서, 법과 언론과 대중의 판단은 그 사건이 종결되었다고 판정해도 그들의 판단을 넘어서는 종말론적인 판단이 아직 남아 있다는 것입니다.

구약성서의 나봇 이야기는 하나님이 인간의 종결된 법적 처리를 뚫고 들어오는 분이심을 증언합니다. 이스라엘의 왕 아합은 나봇의 포도원을 빼앗을 만한 마땅한 명분을 찾지 못해 노심초사합니다. 이를 지켜보던 그의 아내 이세벨은 거짓 증인들을 내세워 나봇을 재판에 회부한 다음 결국 그를 죽이고 포도원을 빼앗습니다. 겉으로만 보면 이 사건은 정당한 사법적 절차에 의해서 진행된 것처럼 보입니다. 어쨌거나 이세벨 일당은 율법의 법리 조항을 앞세워 소기의 목적을 달성했으니까요. 그렇게 해서 나봇은 죽었습니다. 문제는 그의 죽음 이후입니다. 나봇이 억울하게 죽임 당할 때 하나님은 과연 어디 계신가요?

구약성서 열왕기상 본문은 하나님께서 나봇의 억울한 피 냄새가 진동하는 세상에 엄연히 현존하고 계심을 증언합니다. 그 증거가 바로 엘리야의 등장입니다. 불의한 권력이 저지르는 만행이 가득한 세상에 여전히 임재하고 계시는 하나님은 나봇을 억울하게 죽인 아합과 이세벨을 죽음으로 심판하십니다. 특히 아합이 죽는 장면은 대단히 역설적입니다. 하나님께서는 그를 가장 강력한 사법체계로 응징하는 것이 아니라, 오히려 매우 허술하고 느슨해 보이는 우연을 가장한 방식으로 심판하십니다. 전쟁터에 나간 아합은 아람의 한 병사가 '랜덤으로 쏜 화살'에 맞아 죽습니다. 이 대목에서 하나님은 인간의 사법 체계와 정의의 원칙을 매우 허술한 것으로 간주하시는 듯합니다. 게다가 하나님은 인간이 생각할 때 그리 확률이 높아 보이지 않는 느슨한 방식을 동원하여, 최고의 권력과 사법체계를 앞세워 나봇의 포도원을 빼앗은 아합과 이세벨을 끝내 심판하십니다. 이 장면은 우리의 신앙적 실존이 서 있어

 제3부 세월호 광장 천막카페에 대한 목회자 대담

야 할 자리가 어딘지를 분명히 보여줍니다. 아합의 죽음이 실은 하나님의 초월적 계획에서 비롯된 전쟁에서, 우연을 가장한 필연적 방식으로 성취되었음을 깨닫는다면 우리는 큰 두려움을 갖고 하나님 앞에 설 수밖에 없습니다. 훼손된 인간의 법체계가 더 이상 힘을 발휘할 수 없는 지점에서, 그럼에도 여전히 통치하시는 하나님의 정의가 드러나는 것입니다. 그런 신 앞에 서는 것이 성서가 말하는 신 앞에 선 실존입니다. 피상적인 신앙은 인간의 법, 절차, 증언에 의존하지만 참 신앙은 하나님의 우연(구체적 의도)에 가깝게 다가섭니다.

세월호 광장에서 천막카페의 역할은 우리로 하여금 세속의 법 안에 어느 지점까지 머물 것인가를 묻게 합니다. 우리가 그리스도인으로 산다는 게 그러한 법 자체에 대한 의심을 포함하는 것인가? 아니면 법은 언제나 안전하기 때문에 우리는 그것을 좇아야만 하는 것인지를 묻게 만듭니다. 저는 세월호 광장과 천막카페만이 아니라 이 시대의 양심 있는 그리스도인들이 이 부분을 진지하게 고민하고 있다고 생각합니다. 국가가 정한 법을 잘 지키고 그것을 수호하면 삶이 안전하고 평화로울 것이라는 기대는 진작에 허물어졌습니다. 저는 성서의 증언이 이 부분을 놓고 계속해서 우리에게 싸움을 걸고 있다고 생각해요. 덧붙여 우리는 예수님의 재판과 처형이 어떤 합법적 재판 과정을 거쳐서 실행되었는지도 깊이 묵상할 필요가 있다고 봅니다. 기독교 신앙은 세속의 법 안에 머물러야 할 때도 있지만, 권력이 타락할 때는 종종 그 밖에서 저항하기를 선택해야 할 때도 있습니다. 그런 점에서 천막카페는 기독교 신앙이 요구하는 정치적 길을 성서적으로 시험하는 장이라고 할 수 있습니다.

공동체:
천막카페가 교회에 주는 메시지

황영익: 게토란 단어는 사회로부터 고립되어 스스로 벽 안에 갇힌 다는 의미입니다. 게토는 일종의 분리이자 격리 상태지요. 이 단어를 교회에 적용하면 교회가 사회와 담을 쌓고 폐쇄적인 집단으로 변질됨을 의미합니다. 기본적으로 교회의 게토화는 이원론적 신학에서 기인한다고 볼 수 있습니다. 이원론이란 신앙과 삶, 교회와 세상, 육체와 영혼, 영적 영역과 세속적 영역을 날카롭게 양분하고 후자를 부정적으로 평가하는 인식체계를 말합니다. 이 경우 교회는 세계를 성스러운 영역과 세속적 영역으로 구분하고 자신을 성스러운 영역을 대표하는 집단으로 인식합니다. 자연히 세속적 영역을 배척하고 정죄하는 경향이 강하게 대두하지요. 따라서 교회는 세속적 영역에 오염되지 않기 위해 스스로를 성스러운 영역에 가두려고 합니다. 반대로 세속 영역이 교회를 혐오하고 배척하는 경우도 가능합니다. 현재 한국사회가 교회에 대해 보이는

현상도 이와 유사한 경우라 볼 수 있습니다. 이 경우에는 교회가 원치 않아도 자연스럽게 게토화되어버립니다. 한국교회의 경우 오랫동안 소위 세속적 영역을 가치절하하고 정죄하며 심판하는 입장에 있다가, 최근에는 이런 구조가 역전되어 오히려 세속 영역의 혐오와 배제의 대상으로 전락해버렸습니다.

뉴비긴이 강조하는 증언(witness)의 반대말은 심판(judgment)입니다. 복음의 증언을 가로막는 것은 심판자의 태도입니다. 상대방을 일방적으로 가르치고 설득하고 변화시키려는 태도 안에는 정복자의 태도가 담겨 있지요. 그동안 한국교회가 시민사회와 소통하는 방식이 주로 심판자적 태도를 지니고 있었기 때문에 타자와의 만남에서 무례한 모습을 많이 노출한 것이 사실입니다. 결국 교회가 스스로 고립을 자초했다고 볼 수 있습니다. 요즘 많이 논의되는 공적 복음은 이러한 이원론적 신앙을 극복하고 복음의 총체성에 기반한 총체적 선교, 혹은 성육신적 선교를 추구하자는 메시지를 담고 있습니다. 뉴비긴은 복음이 철저히 공적인 성격을 띠고 있다고 강조합니다. 그는 로마 황제 콘스탄티누스에 의해 기독교가 로마의 국교로 받아들여진 이후 복음이 공적인 생명력을 상실하고 점차 사적인 영역으로 축소되었다고 말합니다. 기독교의 복음이 주로 개인의 구원에만 관계하거나 죽음 이후의 내세를 지향하는 것으로 축소된 것입니다. 오늘날 개인의 내면세계의 안녕과 경제적 풍요에만 관심을 기울이는 기독교 신앙은 바로 이런 사적 복음이 자본주의적 가치와 맞물려 증폭된 현상이라고 할 수 있습니다. 그로 인해 이기적 신앙, 개교회주의, 이원론, 윤리가 배제된 신앙, 자기충족적 신앙, 영성을 쇼핑하는 신앙이 교회를 집어삼켜버렸죠. 이런 사적이고 자본주의적인 종교가 사회로부터 외면당하고 게토화되는 것은 당연한 일 아니겠습니까!

창조 세계 전체를 포괄하는 하나님의 통치를 강조하는 신학은 비단 뉴비긴만의 주장이 아니라 종교개혁자 장 칼뱅의 문화신학이나 아브라함 카이퍼의 영역주권론에도 풍성하게 담겨 있습니다. 그리스도인들이 자신이 발 딛고 서 있는 삶의 전 영역에서 하나님의 통치를 이루어드리는 삶을 살아가야 한다는 이 고백만 붙잡아도 한국교회는 충분히 게토화를 극복할 수 있을 것입니다. 물론 칼뱅이나 카이퍼가 강조하는 주장을 자칫 크리스텐덤(Christendom, 기독교 국가주의) 식으로 이해한다면 또 다른 형태의 정복적 선교 개념을 반복하는 위험에 빠질 수 있습니다. 따라서 교회의 복음 증언은 기본적으로 그리스도인으로서의 섬김과 사랑의 실천에 기초해야 한다는 것을 결코 잊어서는 안 됩니다.

김성률: 교회의 게토화는 이원론과 불가분리의 관계를 맺고 있는데요. 이렇게 된 데는 첫째, 교회론에 대한 왜곡된 이해가 큰 문제로 작용했다고 생각합니다. 한국교회의 게토화는 교회가 내부자 중심의 운동에만 올인한 결과입니다. '교회성장론'이 '교회론의 핵

심'으로 자리 잡다 보니 결국 '머릿수'와 '부동산'에 모든 에너지를 쏟을 수밖에 없었던 것입니다. 둘째, 세상에 대한 성서적 이해가 부족한 것이 문제입니다. 곧 성서에 등장하는 '세상'이란 개념을 지나치게 '이원론'적으로 이해한 것이 문제였습니다. 성서에서 세상이란 단어에는 긍정적인 의미와 부정적인 의미가 공존하고 있습니다. 세상은 하나님이 만드신 창조 세계를 의미하는 동시에, 하나님께 반역하고 독자적인 자율성을 추구하는 반신적 체계로도 묘사됩니다. 그러나 한국교회는 세상을 주로 후자의 의미로만 이해하는 경향이 강하지요.

미로슬라브 볼프의 『하나님의 말씀에 사로잡혀』(국제제자훈련원, 2012)란 책에 보면 요한복음을 다루는 부분이 나옵니다. 신학자들은 요한이 이 세계를 구분할 때 백과 흑으로 이원화해서 나누었다고 생각했습니다. 그런데 볼프는 요한복음에 등장하는 '니고데모'나 '대제사장'과 같은 인물을 통해 백과 흑의 진영에서 그 속을 한 번 더 들여다보자고 제안합니다. 그러면 '거시적 구분' 안에 '미시적 구별'이 존재함을 발견할 수 있다는 것입니다. 그는 이들을 회색 진영이라고 말합니다. 이 개념은 부정적인 의미가 아니라 객관적 위치를 정의하는 용어입니다. 흑의 진영에도 회색 진영이 존재하고, 백의 진영에도 회색 진영이 존재한다는 것이지요. 회색이란 정체성도 엄연히 하나의 정체성입니다. 우리가 성서를 읽을 때 모든 것을 무조건 흑백 논리로 구분하는 것은 성서 해석의 단순성에서 비롯된 패착일 수 있습니다. 쉽게 말해 '천로역정' 프레임을 벗어나지 못하는 것입니다. 곧 장망성을 떠나 천성을 향해 가는 기독교도의 순례 여정처럼 한쪽은 천성으로, 다른 한쪽은 장망성으로만 세상을 분류하는 시각에 함몰되다 보니 결국 교회 안에 갇혀버리는 것이지요.

정성규: 참 아이러니한 것은 철저히 이원론적 사고방식에 갇혀 교회라는 성스러운 영역과 세상이라는 속된 영역을 날카롭게 나누는 한국교회가 실제로 삶의 실천 부분에서는 대단히 기복적이고 자본주의적이라는 것입니다. 세상을 회피하고 정죄하면서도 실제로는 세상에서의 성공과 출세와 안락을 열심히 추구하는 것이지요. 특히 한국전쟁 이후 경제발전 과정에서 지긋지긋한 가난으로부터 벗어나 보자는 열망과, 물질적인 축복을 많이 받는 것이 하나님의 사랑을 확인하는 첩경이라는 천박한 신앙이 맞물리면서 이런 모순구조가 확대재생산 되는 기현상이 벌어졌습니다. 결과적으로 한국교회의 이원론적이고 자가당착적 신앙구조가 하나님 나라 복음의 근간을 크게 훼손시킨 동시에, 한국사회의 질타와 비난을 초래하게 만든 일등공신임은 부정할 수 없는 사실입니다.

김종일: 세상이 구구절절 말을 안 해서 그렇지 사실 누구보다도 더 정확하게 교회의 저의를 꿰뚫어 보고 있습니다. 그들이 보기

에 교회는 '기-승-전-전도'입니다. 무슨 일을 하든 마지막은 "교회 나오세요"라는 말로 들리는 것이지요. 교회가 마음속 깊이 각인된 '교회성장'의 동기를 내려놓지 않으면, 그리고 교회성장의 방식에 대한 근본적인 관점을 바꾸지 않으면 모든 선교 행위는 세상에 얄팍한 미끼로 비쳐질 것입니다. 교회가 하는 모든 봉사가 종교마케팅의 일환으로 비쳐지는 것은 얼마나 끔찍한 일입니까? 신기한 것은 교회 내부자가 아니라 외부자들이 이것을 더 빨리 그리고 정확히 간파한다는 것입니다. 더 늦기 전에 우리가 '하나님의 선교'(Missio Dei)를 실천하지 않으면 교회의 진정한 본질을 구현하는 일은 요원해질 것입니다.

황영익: 한국교회가 시민사회와의 소통을 아직도 산업화 시대의 방식 그대로 고수하는 것도 문제입니다. 요즘은 교회가 큰 체육관에 수만 명을 모아놓고 초대형집회를 해도 더 이상 사람들이 눈여겨보지 않습니다. 이제는 그런 방식이 통하던 시대가 아니라는 얘기지요. 그런 방식의 접근은 이미 역사의 뒤안길로 사라진 지 오래입니다. 비록 소수의 그리스도인일지라도 진정성을 갖고 행동할 때 세상은 그 속에서 예수 그리스도의 제자로서의 모습을 발견하고 환호합니다. 천막카페는 사람들을 억지로 끌어모으지 않는데도 저절로 사람들이 모여들잖아요. 사람들이 천막카페의 외형이 아닌 진정성을 알아보는 것이지요.

　　　　　제3부 세월호 광장 천막카페에 대한 목회자 대담

앞서 말한 게토화는 달리 표현하면 자기 영토화예요. 그에 반해 게토화를 깨뜨리는 일은 자기 영토를 구축하는 것이 아니라 그것을 해체하고 다른 공간으로 이동하여 타자와 공존할 때 가능합니다. 사람들에게 다가가 그들의 이웃이 되는 일이 무엇보다 중요하다는 얘깁니다. 교회가 시민사회 혹은 지역 공동체와 유리된 중세의 성처럼 존재하는 것이 아니라, 마을 속으로 들어가 이웃과 연대하고 공존하는 친구가 될 때, 그리고 그런 생태계를 확산시켜나갈 때 사람들에게 다시 사랑받을 수 있을 것입니다.

김성률: 저는 교회가 게토화된 또 하나의 이유를 교회 내부의 구조적 차원에서 찾고 싶어요. 우리가 흔히 교회를 가리켜 공동체라고 하잖아요. 그런데 언어란 게 진공 상태로 존재하지 않기에 '공동체'라는 단어에는 이미 우리 무의식 속에 깊이 자리하고 있는 한국사회의 가부장적이고 수직적인 선이해가 작동하고 있거든요. 그러다 보니 교회를 가리켜 공동체라고 말은 하지만 실제로는 교회 안에서도 남성과 여성, 직분과 연령에 따라 상호 게토화가 빈번히 일어나고 있지요. 존 하워드 요더는 교회를 '대안사회'로 봅니다. 하지만 한국교회의 경우 동시대의 대안사회로 존재해야 할 교회 안에서조차 공동체를 경험하기는커녕 오히려 게토화를 습득하고 있는 것이죠. 즉 교회 안에서 배우고 경험한 공동체성이 사회적 관계로 확장되어야 하는데 교회 안에서부터 상호 배제와 고

립을 경험하고 있는 형국입니다. 따라서 우리는 먼저 교회 안에서 공동체성을 회복하고, 이를 바탕으로 우리 삶의 현장에서도 유무형의 공동체적 관계가 확대되도록 해야 합니다. 이러한 관점에서 교회가 천막카페를 주목해야 하지 않을까요?

정성규: 저는 리더십의 문제를 말씀드리고 싶어요. 아무래도 교회 공동체 안에서는 목사의 역할이 지대한 위치를 차지하는 것을 부인할 수 없습니다. 지난 시대에는 목사의 리더십을 오너십(ownership)으로 착각하여 교회를 사유화하려는 경향이 강했습니다만, 이제 그런 패러다임은 한계에 다다랐음을 알아야 합니다. 우리는 예수님의 성육신적 리더십, 곧 섬김의 리더십과 함께함의 리더십을 체득해야 합니다.

성육신적 리더십이란 크게 세 가지 내용을 담고 있습니다. 첫째는 일방적 지시가 아니라 대화와 토론을 통해 교회 일을 결정하는 것입니다. 둘째는 권한이나 역할을 독점하는 것이 아니라 분할하고 공유하는 것입니다. 셋째는 선두에 서서 계몽하고 선동하는 것이 아니라 뒤에서 사람들을 세워주고 격려하는 것입니다. 저는 교회의 리더십이 이런 방향으로 작동되어야 한다고 생각합니다. 그래서 교회가 목사 혼자서만 맹활약을 펼치는 집단이 아니라 전체 성도들이 은사를 따라 자발적으로 봉사에 참여하는 공동체가 되어야 한다고 생각합니다. 더 나아가 교회는 신자들이 세상 속에서 소

 제3부 세월호 광장 천막카페에 대한 목회자 대담

금과 빛의 역할을 수행하도록 돕는 공동체가 되어야 할 것입니다.

천막카페는 이런 점에서 귀중한 깨우침을 줍니다. 천막카페의 리더십은 함께 의논하고 협력할뿐더러 공간을 개방하고 기다리는 것입니다. 절대로 서두르거나 요구하지 않습니다. 목회자들이 리더십을 독점하지 않고 좋은 은사와 열정을 가진 신자들과 긴밀히 의논하고 협력하였기에 천막카페가 성공할 수 있었던 것처럼, 지역교회 안에서 목회자들이 리더십의 작동방식에 대한 발상과 실행을 전환한다면 교회가 지역사회에서 할 수 있는 일들이 지금보다 훨씬 더 많아질 것입니다.

화해:
천막카페를 통해서 본 화해와 공존

김종일: 아픔을 가진 사람과 함께한다고 해서 피해 당사자가 겪는 고통을 액면 그대로 공유할 수는 없습니다. 아무래도 온도 차이란 것이 존재하게 마련이지요. 그런데도 최근 복음주의권 교회들이 고통당하는 이웃의 자리에 동참하려고 노력하는 모습은 무척 고무적입니다. 더군다나 천막카페를 중심으로 봉사에 참여하는 분들은 대부분 작은 교회에서 사역하는 무명의 목회자들과 성도들입니다. 어찌 보면 제 앞가림도 하기 힘든 분들이 고통당하는 이웃의 어려운 형편과 처지를 외면하지 않고 그들과 함께하는 자리에 적극 참여하고 있는 것이지요.

개인적으로는 봉사를 하면서 과거 민주화 운동과 통일운동에 매진했던 에큐메니컬 진영의 교회들과 지도자들이 조금 지쳐 있는 게 아닌가 하는 느낌을 받았습니다. 에큐 진영을 중심으로 생명신학, 생태신학 등의 대안적 교회운동들이 일어나기도 했지만 확장성과 착근성이라는 면에서 대중의 지지와 공감을 끌어내는 일에는 역부족이었던 것 같습니다. 반면 전통적인 보수 교회는 여전히 대중들의 종교적 미각을 자극하는 메뉴를 앞세워 물리적인 교세를 유지하고 있습니다. 물론 거기서 비롯되는 수많은 오류와 부작용이 속출하고 있는 것도 사실입니다.

그런 차원에서 보면 기존의 보수적 복음주의권이 무비판적으로 추구했던 교회성장주의, 자본주의에 편승한 교회론, 정교밀착 등에 지대한 문제의식을 갖고 출발한 건강한 작은교회 운동이 에큐메니컬 진영과 좋은 대화 상대가 될 수 있다고 여겨집니다. 감신대의 이정배 교수님을 비롯하여 민중교회 운동을 하셨던 에큐메니컬 진영의 목회자들과 방인성, 박득훈 목사님과 같은 복음주의권 목회자들이 연합하여 활동하는 생명평화마당은 한국교회의 연합을 위해 상당한 역량을 발휘하고 있습니다. 세월호 참사와 관련하여 진보 보수 진영을 망라한 목회자들의 연합철야기도회, 릴레이 단식투쟁, 안산, 팽목항, 광화문에서 드린 연합예배 등은 양측의 대화와 논의가 맺은 열매라고 봐도 무방할 것입니다.

정성규: 정말 두 진영 간에 대화가 이루어지고 있나요?

김종일: 예. 저는 작년부터 두 진영이 공동으로 만든 생명평화마당에 참여하고 있어요. 생명평화마당은 기본적으로 세 가지를 지

 제3부 세월호 광장 천막카페에 대한 목회자 대담

향합니다. 곧 탈성장, 탈성직, 탈성별입니다. 이 세 주제를 바탕으로 해서 주도적으로 펼치는 운동이 바로 작은교회를 위한 신학적 담론, 즉 '작은교회론'입니다. 구체적인 실천의 일환으로 작은교회 박람회가 3년 동안 이어졌고, 이것은 점점 전국적인 프로그램으로 확산되는 중이며 에큐 진영과 복음주의 진영의 교회들이 함께 참여하고 있습니다. 최근에는 신학자들과 목회자들이 함께 모여 한국적 작은교회론 개념을 정립하고 있습니다. 재미있는 것은 양쪽 진영이 서로에게 배울 것이 너무나 많다는 점입니다. 교회2.0을 비롯한 작은교회 운동을 하는 복음주의권 교회의 사회 참여는 에큐메니컬 진영에 도전을 주었고, 사회갈등과 구조 문제에 대해 오랫동안 학습하고 실천해왔던 에큐메니컬 진영의 교회가 보유하고 있는 내공은 복음주의권 교회에 지나친 낙관이나 섣부른 성공주의를 경계하게 하는 기준점이 되기도 했습니다.

정성규: 천막카페는 삼위일체 하나님의 속성을 예시하는 하나의 모델 역할을 합니다. 신학자 헤르만 바빙크의 말대로 삼위일체에는 삼위 하나님 간의 상호 침투적 요소가 있어요. 삼위 하나님은 서로를 받아들이는 동시에 서로에게 참여하죠. 그리스도인이 결코 타자에 대해 호전적이지 말아야 하는 이유는 이런 삼위일체 하나님의 속성 때문입니다. 하지만 그동안의 운동은 호전적인 성격이 강했던 것이 사실입니다. 천막카페는 기존의 전투적인 예배,

투쟁적인 언어, 선동적인 기도를 문화제로 전환해서 새롭게 표현
했습니다. 저는 문화제를 진행하면서 이것이야말로 세상과 화해
하고 공존하는 중요한 장임을 새롭게 알게 되었습니다.

소설가 하퍼 리의 『앵무새 죽이기』(열린책들, 2015)를 보면 주인
공 스카웃과 그의 오빠가 늘 두려워하는 브래들리라는 사람이 나
옵니다. 소설 속 남매는 브래들리에 관한 온갖 상상을 하면서 그
가 사는 집에 대해 궁금해합니다. 그들이 갖는 호기심의 가장 큰
기조는 브래들리에 대한 두려움입니다. 그런데 어느 날 브래들리
에 대한 두려움이 깨지는 사건이 벌어집니다. 스카웃의 오빠가 하
마터면 테러를 당할 뻔했는데, 브래들리가 그를 구해준 것입니다.
브래들리의 도움으로 오빠가 목숨을 건졌다는 사실을 안 스카웃
은 처음으로 브래들리를 아저씨라고 불렀고, 브래들리의 집 앞에
서 자기 동네를 바라보게 됩니다. 그녀는 말합니다. "나는 여태껏
단 한 번도 이 방향에서 우리 동네를 바라본 적이 없어." 괴물인
줄만 알았던 브래들리가 실은 좋은 이웃이었던 거죠.

제게 천막카페는 브래들리를 새롭게 이해한 스카웃처럼 교회
가 세상을 새로운 시선으로 보는 자리이고, 동시에 세상이 교회를
새롭게 보는 자리였습니다. 천막카페에서 바라본 세상은 이전과
는 달랐습니다. 이전에 보지 못했던 다른 면을 보면서 저 자신도
세상과 화해하는 일이 벌어졌습니다. 바꿔 말하자면, 더 이상 세
상을 외면하지 말고 그 속으로 더 깊숙이 들어오라는 초청장을 받

　　제3부 세월호 광장 천막카페에 대한 목회자 대담

은 것입니다. 어릴 적부터 봐왔던 광화문이 이렇게 새로운 의미로 다가온다는 것이 참으로 신선했습니다. 천막카페가 그런 곳이었습니다.

황영익: 에큐메니컬 진영과 복음주의 진영을 나누는 개념 자체가 그다지 자연스럽지는 않지만 그래도 현실이니까 그 개념을 사용하도록 하겠습니다. 천막카페를 운영하고 문화제를 진행하는 일에 양 진영 사람들이 함께하는 것은 적잖은 의미가 있다고 생각합니다. 여기서 제가 말하는 복음주의는 미국식 복음주의 혹은 한국의 근본주의적 보수주의를 말하는 것이 아니라, 한국교회에서 보수적 신앙 기조를 유지하면서도 사회적 책임을 적극적으로 수행하려는 그룹을 말합니다. 그간 복음주의 진영은 교회개혁 운동에는 적극적이었지만 상대적으로 사회 개혁에 대해서는 몸을 사리는 경향이 있었습니다. 그런데 근래 들어 사회 개혁에 대해 더 전향적인 목소리를 내고 참여하는 흐름이 형성된 듯합니다. 천막카페와 광장 문화제는 향후 복음주의권 교회들의 사회참여 방향을 제시하는 좋은 모델이 된 것 같습니다.

김종일: 예전에는 에큐메니컬 진영과 복음주의권이 서로의 동질성보다는 이질성에 더 주목하고 집착하지 않았나 싶습니다. 누가 더 옳은가를 놓고 상대를 지적하고 비판하느라 시간과 힘을 많이

허비했죠. 그런데 뜻밖에도 세월호 참사가 양 진영의 연합을 도와
주었습니다. 아이러니하게도 세상의 아픔과 고통이 교회를 연합
하게 만들어준 것입니다.

정성규: 저는 화해와 공존이 이해 당사자 간의 균형을 맞추는 데서
시작된다고 생각합니다. 흔히 한국사회를 가리켜 기울어진 운동장
이라고들 합니다. 기울어진 운동장이란 표현은 사회 구성원들 혹
은 세력들 사이의 힘과 소유의 불균형이 심화된 상태를 뜻합니다.
이런 상황에서 균형을 맞추려면 기계적인 중립을 지킬 게 아니라
사회적 약자의 편에 서야 합니다.

교회가 사회적 약자 편에 설 때 양 세력 간에 진정한 균형이 이
루어지고 나아가 그것이 사회 구성원들 사이의 관계도 화해시킬
수 있을 것입니다. 교회가 사회적 약자 편에 섬으로써 가해자에게
는 회개의 기회를 제공하고, 피해자에게는 치유와 회복의 가능성
을 제공할 수 있습니다. 이런 면에서 교회는 정치적 식견과 감각
을 더욱 개발해야 합니다. 사회적 균형이라는 게 따지고 보면 정
치적 성격이 강하잖아요. 나아가 사회적 약자들, 예컨대 세월호
희생자 가족들에게 오로지 정치적 해법만이 치유와 회복을 위한
능사가 될 수는 없습니다. 인간은 사회적·정치적 존재인 동시에
영적·심리적 존재이잖습니까? 그래서 세월호 희생자 가족들에 대
해서는 더 신중하고 섬세한 접근이 필요하다고 생각합니다. 정신

의학자 정혜신 박사는 세월호 희생자 가족들을 대상으로 상담 치유를 진행하고 있습니다. 이처럼 이들에게는 뒤에서 정신적·심리적 문제까지 보듬는 노력이 필수적입니다. 앞에서 함께 싸우는 사람들도 필요하지만, 동시에 보이지 않는 곳에서 미세한 부분까지 살피고 챙기는 사람도 꼭 있어야 합니다.

김성률: 저는 화해에는 반드시 대화가 선행되어야 한다고 생각합니다. 일상의 삶에서도 이전에 잘 안 되던 대화가 갑자기 술술 풀리는 때는 바로 자신에게 정직한 순간입니다. 우리가 스스로에게 정직할 때 이전에 낯설고 어렵게 느껴지던 부분이 무장해제되는 경우가 많습니다. 강자와 약자 사이의 화해도 물론 어렵지만, 대등한 관계에서의 화해도 어려울 때가 참 많습니다. 개개인의 '방식의 차이'와 거기서 비롯된 '과잉 오해' 때문에 사이가 틀어지는 경우가 곧잘 일어나기 때문입니다.

그러나 사회 참여에 대한 소명을 느끼는 복음주의의와 에큐메니컬 진영은 연대 가능성이 높습니다. 양쪽 다 지금까지 교회라는 공통 기반에서 살아왔다는 것이 그 이유입니다. 흔히 에큐 진영이 마치 교회를 배제하는 것처럼 말하는 분들이 있는데, 실제로는 전혀 그렇지 않습니다. 비록 에큐 진영이 제도권 교회보다는 사회 참여에 더 많은 관심과 에너지를 쏟은 것이 사실이지만 그렇다고 해서 교회 자체의 중요성을 망각하거나 방기하지는 않습니다. 에큐 진영과 복음주의 진영이 교회를 매개로 '정서 자본'을 공유하고 있는 것은 두 진영이 협력하고 연대할 수 있는 가능성을 높여주는 매우 중요한 요소라고 생각합니다. 그리스도인들이 함께 일을 할 때 신학과 신념이 반드시 일치해야 문제가 생기지 않을 것 같지만 실제로는 정서적인 문제가 더 큰 걸림돌이 될 때가 많습니다. 아무리 같은 신학과 신앙을 공유한다고 해도 상대가 마음에 안 들거나 기분이 나쁘면 같이 일을 할 수가 없습니다. 협력하고 연대하는 것은 이론과 논리의 문제가 아니라 인격과 정서의 문제이기 때문입니다. 그런 점에서 복음주의 진영과 에큐 진영이 정서 자본을 공유하는 지점이 있다는 것은 눈여겨봐야 할 대목임이 분명합니다. 이런 공통 기반 위에서 양자가 서로를 견인하고 자극하며 추동할 수 있는 더 나은 상생의 아이디어를 찾아내야 할 것입니다.

실제로 광화문 세월호 광장에서 열리는 목요문화제는 복음주의권과 에큐메니컬 진영을 구분하지 않고 강연자와 연주자를 초대합니다. 화해란 게 어느 날 느닷없이 만나서 악수한다고 되지 않잖아요. 만남의 장이 필요하죠. 이번 2016년 4월에 세월호 2주기를 맞아 복음주의권과 에큐메니컬 진영이 광장에서 함께 모임을 진행하는 것으로 알고 있습니다. 두 진영이 서로를 신뢰하고 존중한다면, 지난 세대와 달리 공존과 연대가 충분히 가능하다고 봅니다. 양자가 서로의 차이는 최소화하고 공통분모는 극대화하

 제3부 세월호 광장 천막카페에 대한 목회자 대담

면서 상호 배움과 지지를 견지한다면 앞으로 함께할 수 있는 일들이 더 많아질 것입니다. 특별히 극도의 위험사회인 한국사회의 현실을 고려할 때 양자가 생명, 평화, 정의를 실천하는 차원에서 협력할 일들이 많을 것으로 예상합니다.

김종일: 겉으로는 세월호 피해자 가족들을 위한다고 하면서 속으로는 우리 자신의 종교적 목표를 이루려고 했다면 천막카페는 지속되기 어려웠을 거예요. 모름지기 종교는 죽음이나 고통을 상품화시켜서 자신의 욕망을 달성하려는 것을 경계해야 합니다. 저는 우리가 세월호 참사와 관련해서 정말 조심해야 할 부분은 고통받는 이들을 향해 쉽게 훈장질하는 것이라고 생각합니다. 피해자를 위한다고 하면서 실제로는 피해자들의 마음을 후벼 파는 말들이 얼마나 많습니까? 화해는 정부와 유가족뿐 아니라, 유가족들을 돕고 위하는 사람들 사이에서도, 그리고 그들과 유가족 간에도 반드시 이루어져야 하는 문제라고 생각합니다.

또 하나 말씀드리고 싶은 것은, 세월호 희생자들을 돕는 일을 우리가 시작했으니까 결론도 우리가 내야 한다는 욕심 혹은 강박을 버려야 한다는 것입니다. 그런 점에서 천막카페나 광장문화제의 시작은 우리가 했지만 마무리는 다른 교회 혹은 다른 단체가 할 수도 있다고 봅니다. 우리가 시작했으니 그 영광까지 우리가 누려야 한다는 생각은 결국 고통당하는 이웃을 우리 자신의 욕망을 위해 도구화시키는 우를 범하는 것입니다. 그저 우리는 하나님께 쓰임 받는다는 사실 하나만으로 만족하고 감사할 수 있어야 합니다. 따라서 저는 천막카페 사역이 성령의 인도하심에 철저히 순종해야 한다고 봅니다. 사실 우리는 영적 헬리콥터를 타고 하늘에 올라가 전지적 시선으로 상황을 판단하는 것에 익숙하잖아요. 정작 주님은 세상으로 내려오셨는데 우리는 하늘로 올라가 갑질을 하는 경우가 너무 많아요. 반면에 천막카페는 역방향 운동을 선택한 좋은 본보기가 되어주었습니다. 부디 그 초심을 끝까지 잃지 말았으면 합니다.

황영익: 사실 화해란 게 그리 낭만적인 과정이 아니잖아요. 이상적인 의미에서의 화해는 원수를 무조건 용서하고 대립을 종식하는 행위이지만, 현실에서 화해는 복잡한 정치적·심리적 조정 단계를 거쳐야 합니다. 화해의 중재자로서 교회의 역할을 이야기할 때 상당히 지혜롭고 섬세한 접근이 필요한 이유가 여기 있지요. 교회는 하나님의 사랑을 성취해야 할 뿐 아니라 정의 역시 충족시켜야 하거든요. 사랑을 앞세우다 보면 정의가 희생될 수 있고, 정의를 앞세우다 보면 사랑이 훼손될 수 있습니다. 특별히 교회가 사랑과 용서를 앞세워 일방적으로 가해자 편을 들게 되면 피해자를 두 번 죽이는 결과를 초래합니다. 그러니 화해란 개념이 현실에서 작동하는 방식에 대해 정치적·사회적·심리적 연관관계를

　제3부 세월호 광장 천막카페에 대한 목회자 대담

잘 따질 필요가 있습니다.

유대인 정치철학자 한나 아렌트의 '악의 평범성'이라는 말이 생각납니다. 한나 아렌트는 홀로코스트를 직접 경험한 사람으로, 이후 미국으로 망명하여 활동하면서 『전체주의의 기원』(한길사, 2006)과 『인간의 조건』(한길사, 2002)이라는 유명한 책을 썼습니다. 그녀는 예루살렘에서 열렸던 나치 전범 아이히만의 재판을 관람하고서는 큰 충격을 받습니다. 아이히만이 괴물 같은 존재일 줄 알았는데 실제로는 전혀 그렇지 않았기 때문입니다. 그는 지극히 평범한 가장에 불과했습니다. 그녀는 가정에서 자상한 아버지였던 사람이 나치라는 조직 안에서 무시무시한 살상을 지시하고 실행할 수 있었다는 사실에 큰 충격을 받았습니다. 아이히만이 자신은 악인이 아니라 조직 안에서 맡겨진 임무에 충실한 사람이었을 뿐이라고 강변하는 것을 들으면서, 아렌트는 중대한 범죄 행위에 가담했음에도 정작 그 자신은 직접적인 가해 행위를 하지 않은 수많은 범죄자들이 있다는 사실을 알게 되었습니다. 그리고 구조적인 악이나 권력의 만행에 의해 죽임을 당한 피해자들이 너무 많은데, 이들을 죽인 범죄자를 특정할 수 있는가 하는 난제에 봉착합니다.

이러한 난제 앞에서 아렌트는 치유와 화해를 이루기 위해서 반드시 선결되어야 할 조건들을 강조합니다. 그중 가장 중요한 것은 공식적인 사죄입니다. 독일이 제2차 세계대전에 대해 국가적 차원에서 공식적으로 사죄한 것이 1990년대였습니다. 즉 진정한 화해가 가능하려면 책임 있는 당사자의 공식적인 사죄가 필요합니다. 세월호 참사 희생자 가족과 관련하여 국가적 차원에서의 공적 사과가 이루어져야 하는 것도 같은 이유에서입니다. 참사 책임자를 특정하거나 범죄 행위를 명쾌하게 단죄하는 사법적 과정과는 별도로, 세월호 침몰이 국가 안에서 발생한 대참사라는 차원에서 정부의 공적인 사과가 이루어지는 것이 진정한 화해와 치유를 위한 가장 중요한 요소라는 것입니다. 아마도 이 부분이 세월호 광장이 계속 존재하고 있는 이유 중 하나겠지요.

김성률: 국가적 차원에서의 화해와 치유를 위한 노력이 필요하다는 말씀은 정말 중요한 지적입니다. 세월호 광장에서 경험한 기독교의 화해자 역할에 대해서 제 개인적으로 이전과 생각이 바뀐 지점이 하나 있습니다. 과거에 저는 화해를 갈등을 '중재하는 것'이라고 생각했습니다. 기독교가 화해자 역할을 수행하는 것이 일종의 다리 역할을 감당하는 것과 같다고 여겼지요. 그런데 세월호 참사를 겪으면서 생각이 많이 달라졌습니다. 쉽게 말해서 '정체성의 전환'이라고 할까요.

신약학자 톰 라이트의 『바울과 하나님의 신실하심』(크리스챤다이제스트, 2015)이란 책에 좋은 예가 나오는데요. 고대 그리스-로마 세계에서 자유인 신분을 취득한 노예가 본래의 자기 주인과 맺는 사회적 관계는 노예 신분일 때와 비교해서 크게 달라지지 않았다고 합니다. 자유인이 된 노예가 원래의 주인에게 어떤 잘못을 해서 자기 주인의 친구를 찾아갔습니다. 이때 그가 찾아간 주인의 친구는 자기 주인과 비슷한 수준의 정치-사회적 신분을 지닌 사람입니다. 그는 자신을 찾아와 도움을 청하는 노예를 위해 기꺼이 자신의 친구에게 편지를 써줍니다. 한마디로 한때 노예였던 사람을 불쌍히 여겨 잘 봐달라는 것이지요. 당시는 이 정도만 해도 인품이 썩 훌륭한 사람이었습니다. 그런데 그가 쓴 편지를 읽어보면, 그 편지를 읽을 자기 친구는 높이는 대신 노예는 낮추는 레토릭을 구사함을 알 수 있습니다. 다시 말하자면, 그 친절한 친구는 중재자로서 상냥한 레토릭을 구사하지만, 세 사람의 관계는 이전과 비교해서 조금도 달라진 게 없다는 것입니다. 그에 반해 바울이 빌레몬서에서 말하는 '급진적 화해론'은 과거에 주인과 노예 사이였던 두 사람의 관계를 완전히 새롭게 형성하는 것을 볼 수 있습니다. 곧 바울은 주인이었던 빌레몬에게 과거 노예였던 오네시모를 그리스도 안에서 한 형제로 받아들이라고 말합니다. 이렇게 복음의 능력은 인간의 정치-사회적 관계를 해체하고 새롭게 재구성합니다.

제가 광장에서 경험한 화해의 하나님은 전혀 추상적이지 않아요. 부자와 가난한 자, 보상하는 자와 보상받는 자, 고통당하는 자와 고통을 완화시키는 자, 봉사하는 자와 수종받는 자, 목회자와 평신도의 구분이 어느 순간 광장의 하나님에 의해 희미해질 때가 있습니다. 광장에 모인 사람들이 함께 말을 섞고, 밥을 먹고, 노래를 부르고, 같이 아파하고, 어깨동무하고 웃을 때 정치-사회적 구분짓기에 의해 만들어진, 우리 안의 차별과 배제라는 질서가 허물어지더라고요. 실제로 '광장의 하나님'은 우리 몸에 덕지덕지 걸쳐져 있는 다양한 계급장을 걷어내시고, 그것을 움켜쥐고 사는 것이 얼마나 부끄러운지를 알려주시지요. 저는 인간이 만들어놓은 공교한 질서를 전복시키고 해체시키는 광장의 하나님이야말로 진정한 성서의 하나님이라고 믿습니다.

✴ 저항:
온유하고 부드러운 저항이 가능한가?

황영익: 상당히 흥미롭고 재밌는 주제네요. 고전적 의미에서 저항은 전투적인 언어와 물리력을 동원해서 격렬하게 맞서는 것이었습니다. 사실 천막카페가 무슨 물리적 저항운동을 하는 공간은 아니지 않습니까? 그저 광장을 찾는 사람들에게 커피를 대접하고 문화행사를 진행하고 쉼과 여백의 공간을 창조하는 작은 봉사를 하고 있을 뿐이죠. 그렇지만 이를 조금 다르게 보면, 천막카페가 존재하는 것 자체가 일종의 저항이라는 것을 알 수 있습니다. 환대와 섬김이 사라진 세상에서, 사랑이 부재한 세상 한가운데서 아무런 대가를 기대하지 않고 섬기고 사랑하는 것 자체가 바로 저항인 것입니다. 저항을 정치적인 의미로만 이해하면 제 말이 다소 생소할 수 있겠지요. 그러나 부정성이 곧 저항입니다. 우리가 다른 가치를 갖고 다르게 살아가는 것, 다르게 말하고 행동하는 것이 곧 부정성이고, 그 부정성을 만들어가는 것 자체가 저항이란

뜻입니다. 어떤 특정한 타깃을 정해놓고 공격하는 것이 저항이 아니라, 기존의 체계와 질서에 맞서 이질적인 행위를 하는 사람들과 그들의 삶 자체가 저항적 함의를 지니고 있다는 것입니다. 앞서도 말씀드렸지만 초기 교회 공동체의 삶 자체가 로마 제국의 렌즈로 볼 때는 일종의 저항으로 받아들여지는 것과 같은 이치입니다. 제국의 생활양식과 다른 존재 방식 자체가 저항적 의미를 지녔던 것입니다. 결코 정치적으로 의도하지 않은 저항, 또는 물리적 수단이나 힘이 제거된 저항 같은 것이지요.

구약신학자 월터 브루그만의 『안식일은 저항이다』(복있는사람, 2015)라는 책이 있습니다. 이 책은 제목 자체가 강렬한 메시지를 던집니다. 안식일은 가혹한 노동이 반복되는 세상에서 하루를 정해 온전한 쉼을 갖게 하는데, 이는 노예제가 일상화된 고대 사회에서 통속적인 가치를 전복시키는 놀라운 저항이었습니다. 평생을 쉼 없이 일만 해야 하는 노예들의 노동력에 의해 모든 경제-사회적 시스템이 유지되는 세상에서, 하나님은 안식할 것을 명령하십니다. "일주일에 하루는 쉬어라!" "모든 종을 쉬게 하라!" "심지어 소와 양과 같은 짐승들까지 쉬게 하라!" 이는 봉건적 전제 국가의 착취 경제에 맞서는 하나님 나라의 대안적 질서를 보여줍니다. 따라서 안식일을 불허하는 기득권 세력의 입장에서 보면 안식일 명령은 그야말로 위험천만한 '계명' 혹은 '사상'으로 받아들여졌을 것입니다. 비슷한 맥락으로 우리는 환대와 섬김과 연대를 저항의

　　　　제3부 세월호 광장 천막카페에 대한 목회자 대담

관점에서 볼 수 있습니다. 고통당하는 자들을 경멸하고 타박하는 세상에서 그들과 함께하는 것 자체가 저항적 성격을 지니는 것이지요.

김성률: 대영제국에 맞서 비폭력 저항운동을 벌였던 간디는 그 일환으로 '사티아그라하'(satyagraha) 운동을 전개한 적이 있습니다. '사티아'는 산스크리트어로 '진리'를 말하고, '아그라하'는 '노력' 혹은 '열정'을 뜻합니다. 따라서 이 단어는 '진리를 찾으려는 노력'으로 해석할 수 있습니다. 간디가 전개한 사티아그라하 운동의 기본 전제 조건은, 산스크리트어로 아힘사(ahimsa)라는 것인데, 이는 '타인에 대한 가해 불가'를 뜻합니다. 인도인들은 자신들이 생산하는 소금에 엄청난 세율을 매겨 자신들을 착취하는 영국에 맞서기 위해 소금 행진을 시작합니다. 그 행진의 최초 인원은 70명에 불과했지만, 간디가 바닷가에서 소금을 손에 들고 서 있을 무렵에는 수천 명까지 불어났습니다. 이 사건에 고무된 인도 사람들은 자치적으로 소금을 생산하려고 했지만 영국 당국에 의해 탄압을 받고 이 일로 수만 명이 구금됩니다. 하지만 이듬해에 결국 소금법은 폐지됩니다. 이때 첨예한 정치적 이해관계가 충돌하는 현실에서 비폭력 저항이 대단한 성과를 내는 것을 전 세계가 주목했죠.

기독교 복음이 갖고 있는 원초적 힘이 바로 이런 것이 아닌가 싶습니다. 예수 그리스도의 십자가 사건은 비폭력이 얼마나 강력한 저항이 될 수 있는지를 가장 잘 보여준다고 생각합니다. 예수님께서 십자가에 달리시기 직전 유대 종교지도자들의 사주를 받은 한 무리의 사람들이 예수님을 잡으려고 겟세마네 동산까지 찾아왔습니다. 그때 예수님의 수제자격인 베드로가 분연이 칼을 뽑아 예수님을 잡으러 온 한 사람의 귀를 자르는 사건이 일어납니다. 그런데 그런 베드로에게 예수님은 도리어 칼을 포기할 것을 요구하십니다. 여기서 예수님과 베드로 중 누가 더 저항적인가요? 표면적으로는 베드로가 더 저항적인 인물인 것 같지만 실제로는 예수님이 더 근본적인 저항을 하고 계십니다. 성서가 지지하는 저항은 악의 영원성과 궁극성에 대한 투쟁의 의미를 담고 있기 때문입니다. 예수 그리스도의 십자가는 바로 그 부분을 잘 보여줍니다. 예수님은 무기력하게 십자가에 달리셨습니다. 그분은 아무것도, 아무에게도 저항하지 않았습니다. 하지만 예수 그리스도는 십자가에서 악의 궁극성을 꺾으셨습니다. 예수님의 비폭력 무저항이 실제로는 악에 대한 치명적 승리를 가져온 것입니다.

동시에 우리는 이런 신학적 전망이 우리의 현실에서 악에 대해애써 눈을 감거나 그것과 타협하기 위한 논리로 악용되는 것을 경계해야 합니다. 실제로 그런 일이 종종 일어나기 때문입니다. 중요한 것은 우리가 예수 그리스도의 십자가 사건에서 악에 대한 완전한 승리를 종말론적으로 선취하신 하나님의 승리를 확신하는 것과 함께, 우리 일상의 삶에서 예수 그리스도의 순종의 모범을 따라 선을 후원하고 악에 맞서는 삶을 사는 것이겠지요. 그리고 이것과 함께 기도의 중요성을 잊지 말아야 할 것입니다. 신약성서 요한계시록에 보면, 성도들의 진실하고 간절한 기도가 천사의 손에 들려 하나님의 보좌 앞에 봉헌되었다가 종말에 하나님께서 세상을 불로서 심판하실 때 거기 일조하는 장면이 나옵니다. 역사가 무신론적 힘에 의해 자율적으로 흘러가는 것 같아 보여도, 그 속에서 악과 불의가 일시적으로 승리하는 것 같아 보여도, 그것 때문에 애통해하면서 하나님께서 속히 신원해주실 것을 간구하는 신자들의 기도가 일절 폐기되지 않고 악에 대한 최종적 심판의 도구로, 즉 강력한 저항의 메시지로 환원되고 있다는 사실을 명심해야 합니다.

정성규: 저항을 만들어낸 현실적이고 물리적인 기반은 SNS였습니다. 한동안 SNS에서 대중적으로 큰 인기를 얻었던 몇몇 목사들이 있습니다. 세월호 참사가 일어나자 그들은 SNS를 통해 개인적인 의견을 마치 대단한 설교라도 되는 것 마냥 퍼뜨렸습니다. 그동안 설교를 통해 유명해졌으니 이번에도 사회적 사건에 대해 훈수를 두고 싶었던 거죠. 그런데 예상치 못한 막강한 저항에 부딪혔습니다. 게다가 그것은 교회 밖에서 제기된 저항이 아니라 내부의 저항이었습니다. 결국 그들은 목사들이 국가적 참사나 중요한 사회 이슈에 대해 함부로 발언하면 안 된다는 것을 실증하는 일종의 반

면교사로 전락하고 맙니다.

저는 천막카페가 대중들에게 설교하듯 접근하지 않은 것을 대단히 잘한 일이라고 생각합니다. 만일 그랬다면 천막카페도 반면교사로 전락했을 가능성이 다분합니다. 천막에서 봉사하는 사람들 상당수가 그리스도인이고, 또한 목사들도 적지 않기 때문입니다. 실제로 자신을 목사 혹은 그리스도인이라고 밝히면서 천막카페에 찾아와 한 수 가르쳐주겠다고 소란을 피운 사람들이 얼마나 많습니까!

저는 천막카페 봉사가 이전에 운동권이나 교회가 보여온 저항의 방식과 차별성을 지닌 점을 높게 평가합니다. 천막카페는 어떤 전투적인 의지나 계몽 혹은 선도 대신, 그저 우는 사람들과 함께 있는 것으로 족하다는 것을 보여주었습니다. 마이크를 잡고 사람들을 선동하는 대신에 장례식장에서 음식을 만들고 문상객을 접대하였습니다. 물론 여전히 보수적인 신앙관과 시국관을 갖고 있는 그리스도인들 중에는 광화문 세월호 광장에 천막카페가 있다는 사실 자체가 몹시 불편할 것입니다. 그러나 이런 분들조차도 언젠가는 세월호 참사 희생자 가족들 곁에서 그리스도의 사랑을 묵묵히 실천한 천막카페의 존재 가치에 대해 알아줄 날이 올 것이라고 기대해봅니다.

김종일: 저는 교회가 세상에서 사명을 감당하려면 지치지 말아야

한다고 생각합니다. 흔히들 강한 놈이 오래가는 게 아니라 오래가는 놈이 강한 놈이라고 하잖아요. 저는 교회가 더 이상 영향력, 세력, 쪽수, 크기, 돈 이런 것이 아닌 섬김, 낮아짐, 작음, 연대와 같은 키워드를 붙잡아야 할 때가 왔다고 생각합니다. 자기를 애써 드러내지 않고 있는 듯 없는 듯 존재하면서 은은한 향을 내는 교회가 필요합니다. 그래야 오래 섬길 수 있고 지치지 않을 수 있습니다. 무슨 일을 할 때 순간적으로 주목을 받는 데만 초점을 맞춘다면 당연히 자극적이고 충격적인 요법을 쓸 수밖에 없습니다. 그렇지만 (제 경험상) 이런 식으로 일하면 오랫동안 운동을 할 수 없더라고요. 앞으로 천막카페가 오랫동안 섬김의 사역을 지속하려면, 우리들 자신을 더욱 낮추고 비우는 마음이 필수라고 봅니다.

천막카페 자원봉사자 및
지역활동가와의 대화

✳ 광장의 하나님에 대한 아줌마들의 잡담

참석자: 김성률 목사(함께하는교회)

김지희(천막카페 자원봉사자)

주정순(지역활동가)

김성률: 반갑습니다. 독자들을 위해서 잠깐 자기소개를 해주시죠.

김지희: 저는 초등학생과 중학생 자녀를 둔 엄마입니다. 전에는 사회적인 이슈에 관심이 거의 없던 사람인데요. 우연히 천막카페를 알게 되어, 지인과 함께 1년 정도 봉사를 했습니다. 지금은 과거에 앓던 지병으로 잠시 쉬고 있고요. 지금까지 살아오면서 주변 사람들이 아픔을 겪는 자리에 함께하려는 노력은 많이 했지만, 사회적 약자들이 연대하는 자리에는 한 번도 가본 적이 없었어요. 천막카페를 통해서 처음으로 정치-사회적 아픔을 가진 분들을 마주했지요. 세월호 참사 희생자 가족과 직접 만나서 이야기를 나눈 것도 천막카페에서였고요. 그러면서 세월호 참사가 '사건'이 아니라 '사람'과 관계된 일이라는 것을 알게 되었습니다. 매체를 통해서 일방적으로 뉴스를 전달받았을 때는 사람이 보이지 않았어요.

그런데 이곳에서 거대 언론에 나오지 않는 이면의 상황들을 접하게 되면서 이들의 이야기에 더 귀를 기울이게 되었죠.

주정순: 저는 아들과 딸을 하나씩 둔 엄마이자 주부입니다. 제가 출석하는 교회에서 운영하는 비영리 북카페 책임자를 맡고 있어요. 사실 저는 가정과 교회가 제 생활권의 전부인 사람이었어요. 그냥 그 울타리 안에서만 활동하던 사람이라 그동안은 생각도 거기에만 머물러 있었던 것 같아요. 그런데 세월호 참사 뉴스를 접하자마자 곧바로 팽목항으로 달려가신 분들도 있더라고요. 저는 태생이 그런 사람이 못 돼요.

　제가 이전과 조금씩 다른 생각을 하게 된 것은 2014년 말에 시작한 인문학 독서모임에 참여하고부터예요. 여기서 문학, 역사, 철학 책들을 읽으며 나이와 살아온 배경이 다른 다양한 분들과 대화를 나누게 되었어요. 일주일에 한 번씩 모여 독서 토론을 진행했는데, 지금까지와는 다른 생각과 시선으로 제 주변을 보게 된 좋은 계기가 되었지요. 특히 랭던 길키의 『산둥수용소』(새물결플러스, 2014), 한강의 『소년이 온다』(창비, 2014) 같은 책들이 저의 시야를 확 넓혀주었어요. 그러다가 지희 씨가 봉사하는 광화문 천막카페에 나가게 되었고, 독서모임을 같이하는 분의 권유로 세월호 참사 희생자 가족들과 함께 제주도에 다녀왔습니다. 실제로 희생자 가족들을 만난 것은 그때가 처음이었어요. 그곳에서 사람이든 현장이든 실제로 그것을 대면하는 것이 어떤 의미인지를 뼈저리게 느꼈습니다. 세월호 참사 희생자 가족들과 같이 제주도의 4.3기념관에도 갔었는데, 세월호 참사와 겹쳐 보였어요. 그동안 그저 과거의 일, 지나간 역사적 사건이라고만 생각했던 일이 그 자리에서 새로운 의미로 되살아나는 경험이었습니다. 나아가 저의 하루하루는 개인의 삶인 동시에 역사의 한 귀퉁이라는 생각도 들었습니다.

김성률: 두 분 모두 본래는 사회적 이슈에 관심이 있던 분들이 아니었네요. 저도 보수적인 신학교로 알려진 총신대신학대학원을 나왔어요. 저 역시 세월호 참사 이전까지만 해도 여러분처럼 사회 참여에 별 관심이 없던 시민이자 세 딸의 아빠이고 5년 차 개척교회 목사입니다.

혹시 두 분은 보수적인 신앙과 사회관을 가진 평범한 주부로서 광장과 천막카페라는 낯선 공간을 오가는 데 어떤 부담은 없었나요? 광장과 천막카페가 두 분에게 어떤 새로운 의미로 다가왔나요?

주정순: 솔직히 저는 처음에는 천막카페에서 봉사하는 분들을 적극 지지하지 않았어요. 우선 그런 풍경이 익숙하지 않았고요. 제 주변에도 챙겨줘야 하는 사람들이 많았거든요. 또 자신의 건강도 좋지 않으면서 토요일마다 광장에 나가 봉사하는 지인을 볼 때마다 꼭 그래야 하나 싶은 생각마저 들었죠. 페북이나 카톡에 올라

온 광화문 세월호 광장이나 천막카페 이야기를 봐도 전혀 공감이
안 되었어요. 내 주변의 문제가 더 크게 보였고 그것이 더 실제적
인 문제로 느껴졌기 때문이죠. 내 주변을 잘 챙기는 것이 책임 있
는 삶을 사는 것 같았고, 가정에 무슨 일이라도 생기면 마치 제가
게으르고 무책임해서 그런가 싶어 더 위축되었어요. 가정, 아이들,
심지어 교회 일마저 제게는 고통당한 분들과 함께할 수 없는 명확
한 핑곗거리가 되었지요. 물론 언론매체를 통해 세월호 참사 뉴스
를 접할 때마다 희생자 가족에 대한 연민으로 슬퍼하긴 했죠. 하
지만 그게 다였어요. 매체에서 세월호 참사와 관련한 소식을 접하
면서도 그것이 나와 실질적인 연결 고리는 없다고 생각했죠. 그런
제가 광장에 첫발을 내딛는 용기를 낸 것은 천막카페가 주는 친근
함 때문이었던 것 같아요. 그토록 슬프고 살벌한 현장에 카페라니
요? 세월호 광장 하면 가장 먼저 과격한 시위가 떠올라 현장에 가
는 것이 도무지 용기가 안 날 때, 천막카페는 저 같은 사람도 현장
에 첫발을 내디딜 수 있게끔 하는 좋은 문이 되어주었어요. 건강
이 좋지 않음에도 봉사하기 위해 광화문에 나가는 지인들이 있다
는 것도 제게 모종의 부채의식 같은 것을 심어주었고요. 좋은 부
담이었다고 생각해요. 지금은 세월호 참사 희생자 가족들이 한 가
족처럼 느껴져서 얼마나 감사하고 좋은지 몰라요. 그동안 안산에
도 가고 광화문 광장에도 나가면서 이 일에 대해 더 깊이 알게 되
었죠. 그런데 조금 힘들었던 날이 있었어요. 세월호 참사 1주기 즈

 제4부 천막카페 자원봉사자 및 지역활동가와의 대화

음이었죠. 광화문 현판 앞에 계셨던 유가족들이 연행된 날이었어요. 그날은 초등학교 3, 4학년생인 우리 애들을 데리고 나왔는데 경찰 차벽으로 광화문 광장 일대가 전부 막혀서 광장 안으로 진입할 수가 없었어요. 사실 그날 저는 제가 어느 쪽에 속한 사람인지 굉장히 혼란스러웠어요. 세월호 참사를 둘러싼 진실을 규명하는 일에는 적극 동의가 되었지만 정권타도를 외치는 이들은 부담이 되었거든요. 저희 아이들도 마찬가지였고요. 학교에서 경찰 아저씨는 민중의 지팡이 역할을 한다고만 배웠는데 광장에서 전혀 다른 풍경을 목도했으니까요. 그날 저는 "세월호를 인양하라"는 구호는 따라 했지만, "정권 타도"는 도저히 따라 할 수가 없었어요.

김지희: 지금은 어때요?

주정순: 지금은 정부기관의 사찰을 받는다 해도 힘껏 외치죠(웃음). 나중에 생각해보니 그때 제 감정이나 판단이 혼란스러웠던 것은 여전히 희생자 가족의 입장이 아닌 한 치 건너에 있는 사람의 시선으로 이 사건을 해석했기 때문인 것 같아요.

김성률: 타자의 입장에서 바라본 현장이라는 말이죠?

주정순: 네, 좀 더 정확하게 표현하자면 구경꾼이라고 할 수 있겠

네요. 사실 그날 내내 광장에 남아 있는 게 불편해서 당장이라도 아이들을 데리고 집에 가고 싶었습니다. 하지만 그런 상황에서도 조금 더 그 자리에 머물 수 있게 해준 것이 천막카페였어요. 천막카페 안에만 들어오면 마음이 편안해졌거든요. 분명 천막카페는 세월호 참사 희생자 가족들 곁에 있었음에도, 저에겐 중간지대 같은 느낌이었어요. 무언가를 선택하라고, 어느 입장에 서라고 계속 밀어붙이는 대신에, 오히려 현장에서 겪은 내면의 갈등과 혼란을 차분하게 정리할 수 있는 장소가 되어준 것이지요.

김지희: A인지 B인지 혼란스러울 때, 너도 그중 하나를 선택하라는 강요를 하거나 받지 않는 공간이 천막카페가 아닌가 싶어요. 천막카페는 스스로 사건의 실체를 판단하고 해석할 수 있을 때까지 '충분히 기다려주는' 공간 같아요. 현장에 나가본 적이 없는 사람이 오로지 매체 하나만을 통해 사건을 접할 때, 최초에 찾아오는 느낌은 두려움이에요. 거대 언론이 장악한 대중매체로만 세월호 참사 소식을 접하던 대부분의 사람이 현장에서 느끼는 감정은 대동소이할 것 같아요. 하지만 천막카페는 그런 부담을 덜어주는 곳이었어요. 제 경우는 1년 남짓 천막카페에서 봉사하면서 다양한 사람들의 목소리를 듣고 많이 배우고 생각하고, 그러면서 저 스스로 좀 더 주체적으로 판단하고 행동할 수 있게 된 것 같습니다.

또한 그런 자리가 어떤 특별한 사람들만의 자리가 아니라 사실

　제4부 천막카페 자원봉사자 및 지역활동가와의 대화

은 우리 같은 시민들이 서 있어야 하는 자리라는 것도 배웠고요. 그 자리가 바로 제 자리라는 걸 배운 거죠. 광장을 찾은 분들에게 커피 한 잔 건넬 수 있는 역할이 제겐 정말로 감사한 일이었어요.

그리고 제 지인들을 천막카페로 초대할 수 있었던 것도 참 행복한 일이었어요. 광장이 초대의 장소가 된다는 것은 신나는 일이잖아요! 제 주위 분들 모두 정치적·사회적 성향이나 살아온 이력으로 볼 때 광장에 나올 만한 분들이 아니었어요. 하지만 천막카페는 그런 분들을 광장에 자연스럽게 초청할 수 있는 기회를 제공해주었죠. 제 친구가 광장에 와보고는 "뭐야? 아직도 광화문에 천막이 있었네. 다 끝난 거 아니었어?"라고 반문했던 기억이 나요. 그때 저는 세월호 참사가 종결되었다고 생각하는 이들이 생각보다 많다는 걸 피부로 느꼈어요. 결코 끝나지 않은 것을 끝났다고 믿게 만드는 프레임에 빨려 들어간 가정주부들조차도 광화문에 나오면 실체를 알게 되었죠. 그동안 보수적으로 신앙생활 하던 교회 집사님들, 청년들도 마찬가지였고요. 천막카페를 찾은 분들 중에는 기독교인도 있었고 불교 신자도 있었고 무종교인도 있었어요. 천막카페는 종교적 믿음이나 정치적 신념과 상관없이 관계라는 끈으로 사람들을 초청할 수 있는 자리였고, 막상 광장에 와 보면 어떤 식으로라도 이전과는 다르게 사건을 보게 되었습니다. 그래서 전 천막카페가 아픔 곁으로 사람을 다가서게 하는 장소라고 생각해요.

김성률: 고난의 현장이 꼭 치열하지 않더라도 그걸 직접 대면하는 사람의 심리 안에는 두려움이 자리 잡고 있는 것 같아요. 그래서 생각처럼 쉽게 다가서지 못하죠. 저는 그런 분들에 대해서도 이해가 필요하다고 보는데요, 말씀을 듣다 보니 생각나는 책이 있어요. 『바울의 정치적 종말론』(도서출판b, 2015, 85-86)이라고 바디우, 아감벤, 지젝, 샌트너의 시선으로 본 바울의 정치신학을 다루는 책인데, 그 책의 내용 중 특히 기억에 남는 부분이 있습니다.

아감벤에게 '무젤만'이 규정될 수 없는 인간성의 한 잔여-존속에 대한 살아 있는 예라면, 지젝에게 그 무젤만은—여기서 미리 선취해서 언급하자면—타자성의 윤리학을 무너뜨리는, 그리고 얼굴 없는 동일[정체]성을 통해 (윤리적 호소가 아니라) 오히려 극도의 공포를 불러일으킬 수 있는 형태이다. 지젝에게 프리모 레비에 의해 기술된 '무젤만'의 "얼굴 없는 현존"은 사람들이 타자에 직면하여 더 이상 곧바로 그 타자의 동일[정체]성 없음에 몰입하지 않게끔 한다는 것이다. "무젤만과 마주쳤을 때, 사람들은 우리의 책무에 대한 무한한 요청으로 우리에게 말을 걸고 있는 그/그녀의 상처받기 쉬움 속에 있는 타자의 심연에 대한 흔적을 그의 얼굴에서 알아차릴 수 없다. 그 대신에 사람들이 깨닫는 것은 일종의 창문 없는 벽과 바닥없음이다." 지젝에게 그것은 일그러진 얼굴이 연민을 일깨우지 않고 도리어 공포를 일으키게끔 한다는 것이다. 그것은 우리의 삶을 위협하고 그 때문에 견뎌낼 수 없고 재현될 수 없는 것으로서 "실재"와의 조우를 연상시킨다. 아감벤에게 '무젤만'은 지젝과 반대로 자신의 고통의 최고 단계에도 불구하고 개념적인 것 너머의 한 인간성을 지시하는 반면에, 지젝은 그 무젤만 속에서 오히려 우리의 삶의 좌표들을 무너뜨리고 종국에는 우리 안에 정신병적 효과를 유발할 수 있는 괴물을 본다.

저는 현실에서 아우슈비츠의 무젤만과 같은 존재를 만나면 우리는 어떤 반응을 보일까 하는 생각을 해봤습니다. 지희 자매님 말처럼 두려움이야말로 고통당하는 이들의 현장에서 우리가 만나는 첫 번째 인상이 아닐까요? 레비나스의 철학이 갖는 긍정적 요소에도 불구하고 지젝의 비판은 그냥 지나칠 수 없는 것 같아요. 사람들이 고통당하는 이들에게 쉽게 다가서기 어려워하는 현실을 간과하면 안 된다고 봐요. 따라서 다가서기 어려운 고통의 사유와 활동이 존재하는 현장을 좀 더 자연스럽게 왕래하기 위해서는 의식의 변화만 필요한 것이 아니라 공간이라고 하는 구조도 필요하다고 생각합니다. 사실 공간은 단순히 장소적인 의미를 넘어서 훨씬 더 많은 것을 가능하게 해주잖아요. 카페의 경우 소통, 무장해제, 편안함 같은 느낌을 줍니다. 그런 점에서 천막카페는 자칫 부담이나 두려움을 안겨줄 수 있는 현장을 편안한 마음으로 가까이 다가서게 만드는 다리가 되는 거죠. 저는 1년 반 동안 광장에서 천막카페 봉사를 하면서, 사람들과 얼굴을 마주하고 대화를 나눌 때마다 그런 느낌을 받았습니다. 그리고 바로 이 지점, 곧 무젤만의 공포를 누그러뜨리고 다가서게 하는 지점에서 천막카페가 상당한 역할을 한다고 생각해요. 우리는 고통당하는 대상과 조우해도 거기에 쉽게 몰입하지 못할 때가 많습니다. 사람뿐만 아니라 현장도 그렇습니다. 고통당하는 대상을 직면하는 두려움과 그 만남에서 오는 무한한 책무에 대한 부담감으로 공포에 떠는 우리 자신의 내면을 발견하기 때문이죠. 이 넘어설 수 없는 책무를 감당하도록 돕는 역할을 하는 장소가 천막카페가 아닌가 싶어요.

김지희: 저희 동네에는 암묵적인 블랙리스트에 올라 있는 아이들이 있어요. 교회가 이런 아이들을 품어야 한다며, 저희는 설교나 교제를 통해 이들을 위한 대화를 나누고 기도도 많이 했지요. 그런데 블랙리스트에 올라간 아이들을 가슴에 품고 기도하는 것과 현실에서 그 아이들을 직접 대면하는 것에는 상당한 차이가 있었습니다. 제가 고등학생 시절에 어느 기도원에서 불을 끄고 합심 기도를 하는데, 인도자가 "눈을 뜨고 옆 사람과 손잡고 기도합시다"라는 말에 눈을 떴다가 소스라치게 놀란 적이 있어요. 제 옆에 화상으로 얼굴이 참혹하게 일그러진 분이 앉아계셨거든요. 너무 놀란 마음에 선뜻 손을 잡지 못하겠더라고요. 그러면서도 한편으로는 그런 제가 한없이 밉고 실망스러웠어요. 다행히 인도자가 옆 사람과 대화할 수 있는 시간을 주셔서 그분의 이야기를 듣다 보니

          제4부 천막카페 자원봉사자 및 지역활동가와의 대화

조금씩 다가설 수 있는 용기가 생기더군요. 물론 그때 일이 세월호 참사와는 다른 층위의 경험일 수 있지만, 저처럼 우리 주변에도 갑자기 열린 낯선 문으로 용감하게 돌진할 수 있는 사람이 그리 많지는 않을 것 같아요. 게다가 그곳이 고통의 현장이라면 더더욱 그렇죠. 저 같은 소시민들에게 이곳은 버거운 지점이 분명해요. 결국 그런 사람들의 손을 잡고 고난당하는 분들 곁으로 인도해주는 역할을 하는 중재자들이 필요한 것 아닐까요?

주정순: 예전에는 고통당하는 사람들이나 그런 분들이 모여 있는 현장과 마주하는 것이 참 어려웠어요. 그런데 이런 부담과 한계를 넘어설 수 있는 몇몇 요소가 있는 것 같아요. 그중 가장 좋은 것은 직접 경험하는 것이라고 생각합니다. 먼저 제 자신이 이전에 비해 많이 달라졌어요. 예전에는 막연한 두려움 때문에 스스로 고통당하는 사람들과 선을 긋고 담을 쌓고 살았었죠. 그런데 이분들과 마주치고 대화하면서 내가 애써 쌓았던 경계가 해체되고 그 과정에서 인식의 지평이 확장된 것 같아요. 동시에 저 자신을 새롭게 발견하게 됐고요.

김지희: 부담과 두려움은 실체를 만나기 전에 오히려 더 큰 것 같아요. 상상의 세계에서 만들어내는 부담과 두려움이 더 큰 거죠. 현장에 직접 들어와서 현실을 몸으로 겪어내보니 부담과 두려움

은 눈에 띄게 줄어들더라고요.

주정순: 저는 특별히 공권력에 대한 두려움이 있었어요. 어릴 적부터 공권력에 대한 일종의 공포가 있었거든요. 그래서 영상이나 SNS를 통해 경찰들이 시민들을 잡아가는 장면을 볼 때마다 마음이 참 힘듭니다. 다행히 지금은 그런 공포가 많이 없어진 것 같아요.

김지희: 저도 지금까지 살아오면서 경찰 병력과 얼굴을 직접 마주하고 고함을 쳐보긴 광화문 광장이 처음이었어요. 세월호 참사 1주기 때 천막카페에서 봉사하고 있는데, 희생자 가족 한 분이 카페에 와서 경찰이 가족들을 연행하고 있다고 울부짖으시는 거예요. 얼마나 급했는지 신발도 못 신고 달려오셨더라고요. 그 절규를 듣는 순간 저는 바로 현장으로 뛰어나갔어요. 그때 쿵쿵 바닥을 찍으며 다가오는 전경의 방패가 얼마나 위협적인지 처음 알았죠. 하지만 본능적으로 여기서 더는 뒤로 물러나면 안 된다는 생각이 들었어요. 그래서 서서 버텼어요. 그러다가 많은 시민들이 합류해주셔서 저는 비워놓은 천막카페로 되돌아가려고 했지요. 그런데 이미 광화문 광장으로 가는 길이 막힌 거예요. 너무 화가 났죠. 전경 대열을 피해 지나가려면 차가 쌩쌩 달리는 차도로 뛰어들어야 할 판이었어요. 그래서 저도 모르게 도대체 내가 무슨 죄를 지었길래 마음대로 길을 걷지도 못하게 하느냐며 소리를 지르기 시작

  제4부 천막카페 자원봉사자 및 지역활동가와의 대화

했어요. 그렇게 한참을 따졌더니 경찰 간부 한 분이 오셔서 "당신의 안전을 위해 막는 겁니다"라는 이상한 말을 하더군요. 그러면서 전경 한 분에게 길을 내주라고 했어요. 그때 간신히 경찰들 틈바구니를 통과해오는데 수치스러운 기분이 들었어요. 마치 개구멍을 지나가는 듯한 느낌이었죠. 하지만 그 일로 공권력에 대한 공포심은 상당히 많이 사라진 것 같아요. 사실 천막카페에서 처음 봉사할 때만 해도 이런 일이 있을 거라곤 생각도 못했어요. 그저 광장을 찾는 시민들에게 따뜻한 커피 한 잔 건네는 것, 그것이 전부라고 생각했습니다. 하지만 천막카페를 통해서 만난 광장은 거기서 한 걸음 더 발을 내딛게 했죠. 분명 경험이 생각을 바꾸는 지점들이 있어요. 그리고 그런 현실 경험은 지금 여기서 일하시는 하나님에 대한 관점을 새롭게 해주었어요. 과거에는 하나님의 사랑이나 정의를 순전히 개인적인 관점에서만 이해했었는데, 광장에서의 경험이 공적인 하나님 상(像)을 갖게 만들어준 것이지요.

김성률: 국가권력이 독점하고 있는 공권력과의 직접적인 대면은 어떤 면에서 오늘날 그리스도인에게 반드시 필요한 경험이라고 생각해요. 이 경험은 고난당하는 자, 혹은 사회적 약자에 대한 환대신학과 맞물려 있습니다. 강남순 교수의 『코즈모폴리터니즘과 종교』는 개인의 환대가 국가권력의 제한을 받는다고 지적합니다. 현대 사회에서 국가가 누군가를 불법의 자리에 고정시켜놓으면

개인이 사회적 약자를 보호하는 것 자체가 어려워집니다. 그를 보호하는 것이 곧 불법이 되니까요. 강 교수는 프랑스의 예를 듭니다. 어떤 인도주의자가 불법체류자를 자기 집에 숨겼다가, 구속이 돼버리죠. 불법체류자를 보호한 환대 행위가 국가권력의 의도에 위배되었기 때문입니다. 따라서 그리스도인들은 우리 시대의 법과 권력이 성서의 정신에 비추어 적법한지를 계속해서 물어야 합니다. 그렇지 않으면 아차 하는 순간에 국가권력이 수립한 정의와 도덕 개념에 함몰되기 십상입니다. 그런 점에서 광장이야말로 우리 시대의 사회적 약자에 대한 환대가 어디까지 실행되어야 하는지를 실천적으로 가르쳐주는 학습의 장이라고 생각해요.

이번에는 좀 다른 질문을 해보죠. 사실 한국사회는 움직이는 지뢰밭 같잖아요. 울리히 벡의 표현을 빌리자면 우리 사회는 대표적인 '위험사회'라고 할 수 있습니다. 실제로 지난 역사에서 크고 작은 사건과 사고들이 끊이지 않았고요. 그런데 왜 세월호 참사는 더 특별하게 우리 가슴에 와 닿을까요?

주정순: 제게는 이 사고의 희생자들이 주로 학생들이었다는 것이 더 특별하게 다가왔어요. 예전에 삼풍백화점이나 성수대교 붕괴 사건 때는 피해자들과 나를 직접적으로 연결시켜 생각하지 못했거든요. 그런데 저 역시 학교에 다니는 자녀를 둔 엄마이다 보니

세월호 참사는 특별히 더 깊은 울림이 있었던 것 같아요.

다른 이유 하나는 '구조'와 관련한 부분이에요. 지금껏 일어난 수많은 사고들은 비록 사상자들이 발생하긴 했지만 그래도 한편으로는 많은 사람들이 구조됐잖아요. 구조 행위와 생존자들을 통해 절망 속에서도 희망을 본 것이죠. 하지만 세월호 참사는 전혀 그렇지 못했어요. 구조를 못한 게 아니라 안 했다는 생각을 지울 수가 없었고, 그건 제게 너무나 충격이었어요.

하나 더 말씀드리면 이전에는 제가 그리스도인이 아니었다는 점을 꼽을 수 있을 것 같아요. 세월호 참사는 제가 기독교 신자가 된 후에 만난 참사였어요. 그래서 자연스럽게 이런 질문이 생겨났죠. "하나님은 이 사건을 어떻게 보실까? 그리고 나는 어떻게 봐야 하나?" 제가 기독교 신자가 아닐 때도 분명 고통과 아픔을 겪는 사람에 대한 긍휼한 마음은 있었어요. 하지만 그때는 "우는 자와 함께 울라"는 신앙은 없었죠. 인간으로서의 동정심은 있었지만 그 동정심을 신앙으로 재해석하고 재구성하는 힘이 없었던 겁니다. 세월호 참사는 제가 이전과는 다른 시선으로 사회적 아픔을 봐야 한다는 신호였어요.

제게는 세월호 참사가 단순히 사고로만 보이지 않았어요. 뭐랄까? 우리 사회의 모순을 보여주는 축소판 같았죠. 희생자들이 모두 평범한 서민들이잖아요. "왜 크루즈가 아니라 세월호일까?" 하는 생각이 들었고, "그 배에 사회적 지위와 권력을 가진 이들의 가

족이 타고 있었어도 이런 식으로 구조했을까?"라는 생각도 들었
어요. 그럴수록 세월호 참사가 단순한 사고가 아니라 우리 사회의
구조적 악이 응축된 현장이라는 생각을 했죠. 사고 직후 대응은
말할 것도 없고 수습과 처리 과정에서도 이해할 수 없는 게 한둘
이 아니었어요. 이것이 우리 사회의 민낯인가 싶었죠.

김지희: 저는 세월호 참사가 발생한 직후에는 솔직히 다른 참사에
비해 더 큰 분노나 충격을 느끼지 못했어요. 물론 저도 자식을 둔
엄마로서 너무 마음이 아프고 화가 났지만, 그것은 말 그대로 그
저 분노에 불과했죠. 제게 세월호 참사가 이전 참사들과 다른 의
미로 다가오기 시작한 것은 후에 광화문 천막카페에서 봉사를 하
면서부터였던 거 같아요. 천막카페 봉사를 하고 피해자 가족의 육
성증언을 들으면서, 또 현장에 있는 사람들과 대화를 나누면서 세
월호 참사를 바라보는 저의 인식과 시선은 훨씬 더 예리해지고 성
숙해졌어요. 만일 이곳에서 봉사하지 않았다면 저 역시 세월호 참
사에 대한 태도가 희생자 가족에 대한 감정적 연민 이상을 벗어
나지 못했을 겁니다. 물론 그마저도 시간이 지나면 다 잊어버리고
제 일상의 삶에 함몰되었겠지요. 더 나아가 세월호 참사는 이전의
다른 참사와 사건들을 제게 복기시켰습니다. 가령 광주 민주화 항
쟁이라든지, 대구지하철 참사와 같이 피해자들이 아직까지도 완
전히 치유되고 회복되지 못한 참사들이 과거의 박물관에 전시된

     제4부 천막카페 자원봉사자 및 지역활동가와의 대화

사건이 아니라 지금도 진행 중인 사건임을 깨닫게 해줬습니다.

주정순: 저는 앞서도 이야기했지만 과거에는 사회적 의식이 거의 없었기 때문에 이전의 참사에 대해서는 뭐라고 드릴 말씀이 없어요. 다만 한 가지 분명한 것은 세월호 참사의 경우 구조과정에서 정부의 무능과 직무유기가 너무나 명백했다는 것입니다. 희생자들을 충분히 살릴 수 있는 시간적 여유가 있었음에도 구조 당국이 손을 놓고 있는 장면을 보면서 분노를 느끼지 않을 수 없었어요.

김지희: 세월호 참사의 실체를 깨닫는 데는 SNS와 대안 언론의 역할이 컸던 것 같아요. 시민들이 소셜미디어를 통해, 정부의 구미에 맞는 기사만을 보도하기에 급급한 거대 언론이 말해주지 않는 진실을 접할 수 있었기에 정부의 세뇌공작에 휩쓸리지 않을 수 있었죠. 또한 실제로 배에 타고 있었던 아이들이 스마트폰으로 찍은 사진, 영상, 글들이 공개되면서 사건의 실체가 더 분명하게 드러난 점도 무시할 수 없고요. 시민들이 정부가 짜놓은 프레임에 갇히지 않고 세월호 참사의 진실을 실제적이고 구체적으로 파악할 수 있었던 데는 상당 부분 정보통신의 기술 발달이 기여한 지점이 있다고 보입니다.

주정순: 과거에도 큰 사고가 일어나면 적당한 선에서 관련자 몇 명

을 처벌하거나 또는 사고 피해자들의 개인사나 구조 과정을 감동
적으로 그려내서, 국민들의 시선을 돌리고 결국 그 참사를 둘러싼
국가의 구조적 모순에 대해서는 생각하지 못하도록 프레임을 짜지
않았나 싶어요.

김지희: 세월호 참사만큼 피해 당사자뿐 아니라 일반 시민들이 대
거 참여해서 사건의 실체를 밝히고 책임자를 처벌하라고 요구한
경우가 이전에는 없었던 것 같습니다. 그만큼 세월호 참사에 대한
시민들의 충격이 컸기도 했고, 다른 한편으로는 세월호 참사가 단
순히 남의 일이 아니라 대한민국이라는 '위험사회'를 살아가는 우
리 모두가 언제 똑같은 일을 당할지 모른다는 자각이 일어난 것이
지요. 또한 무능하고 불의한 정부를 견제할 수 있는 가장 효과적인
방법이 시민들의 연대라는 점을 깨달은 것이기도 하고요. 이번에
크라우딩펀드로 제작된 "나쁜 나라" 같은 영화를 보면 우리 사회의
문제와 모순을 해결하기 위해 시민들이 주체적으로 참여하는 새로
운 장들이 점점 더 많이 열리고 있는 것 같아요.

　그런 점에서 차제에 한국교회의 구조와 생리도 성찰해볼 필요
가 있습니다. 혹시 교회도 상층부 리더십들이 언로를 장악하고서
일방적인 훈계와 지시만을 반복하고 있지는 않은지, 과연 교회 안
에서 일반 신자들의 다양한 의견과 주장이 충분히 소통되고 있는
지를 따져봐야 할 때가 온 것 같아요.

주정순: 제가 비교적 가까이서 경험했던 참사는 1995년에 발생한 대구지하철 공사장 가스 폭발 사고입니다. 당시 제가 대구에 살았거든요. 그 사고로 102명이 사망하고, 117명이 부상을 입었어요. 그때 건물이 300채 이상 파손되었다고 해요. 사고가 제가 근무하던 곳에서 멀지 않은 데서 일어났기에 저희 회사 동료의 지인 중에도 피해자가 있었어요. 그런데 훗날 다른 지역으로 이사를 가서 살아보니 다른 사람들은 그 사고에 대해 잘 모르더라고요. 참사가 일어났을 때만 잠깐 시끄러울 뿐이지 언론에서 다루지 않으면 얼마 못 가 잊히는 게 당연한 수순이죠. 돌이켜보면 지금까지 제 사유의 범위는 대개 거대 언론이 결정한 것 같아요. 언론이 짜놓은 프레임에 맞춰, 언론이 제공하는 정보만을 선별적으로 제공받으며, 언론이 강조하는 이슈에만 관심을 기울이고 살다 보니, 그런 식으로 제 관심사가 형성되고 결정되어온 것이죠. 정말 부끄럽지만 그런 메커니즘 속에서 저 역시도 과거에는 참사 앞에서 "비록 죽은 사람은 안 됐지만, 그래도 산 사람이라도 살아야지"라는 생각을 하며 사건을 빨리 잊으려 했어요. 세월호 참사 희생자 가족들은 지금도 전국을 다니며 간담회를 갖고 있어요. 극소수의 인원이 모인 곳에도 기꺼이 찾아가 자신들의 이야기를 직접 알리시죠. 그걸 응원하고 지지하는 시민들도 생각보다 많고요. 거대 언론이 정치-사회적 목적을 갖고 선별적으로 취사선택한, 해석된 목소리가 아니라 사건 당사자들의 날것 그대로의 목소리를 전하는 일이

정말 중요한 것 같아요. 그런 노력이 있었기에 세월호 참사가 다른 사고들과는 달리 여전히 시민들 곁에서 살아 있는 음성으로 존재할 수 있는 것이겠지요.

김성률: 지금까지 사회적 참사의 책임을 국가기관 혹은 전문가 집단에 한정시켜 생각했는데, 이제 그 책임의 범위에 대한 이해가 확장된 것 같네요. 그 부분에 대해 좀 더 말씀을 나눠주시면 좋겠습니다.

김지희: 국가기관이나 전문가 집단에 대한 일정한 신뢰는 필요하다고 생각합니다. 하지만 그 기관들이 공무를 집행하는 과정을 지켜보는 저의 인식과 태도가 이전과 상당히 달라졌지요. 이제는 정부가 하는 일을 물끄러미 관망하는 것이 아니라, 적극적으로 관심을 갖고 비평하고 견제하는 좋은 시민의 역할을 해야 한다는 것을 깨달았어요.

주정순: 저도 그동안 국가기관 뒤에 숨어 제가 마땅히 감당해야 할 역할을 다하지 못하고 살았다는 걸 깨달았습니다. 솔직히 내가 아니어도 누군가가 알아서 해주겠지 하는 마음으로 살아왔거든요.

김지희: 세월호 특별법이 만들어지는 과정을 짚어보는 것도 의미

가 있을 것 같습니다. 그동안 법이란 몇몇 전문가들에 의해 만들어지는 것이고, 따라서 그들에게 전적으로 위임해도 별 문제가 없다는 식으로 다소 안일하게 생각했잖아요. 하지만 세월호 참사를 겪고 나서는 법이 우리의 실생활에 얼마나 강력한 영향을 미치는지를 실감했어요. 법의 취지나 목표, 제정과 집행 과정에 관심을 갖고 참여해야 한다는 교훈도 얻었죠.

김성률: 이전에 생각하지 못했던 사회적 책임을 자각하게 된 것이 그리스도인으로서의 정체성에는 어떤 영향을 끼쳤나요?

주정순: 저는 그동안 단순히 선거 때 투표만 잘하면 시민으로서의 도리는 다한 것이라는 나이브한 생각을 가지고 살았어요. 제가 생각한 민주주의란, 시민의 책임은 사람을 잘 뽑는 것이고, 그다음부터는 선출된 공직자가 국정 전반을 책임지는 것이었어요. 하지만 세월호 참사에 대한 국가기관과 전문가 집단의 대처 과정을 비판적으로 바라보면서 그런 제 생각이 얼마나 안일했는지에 대해 많은 반성을 하게 되었습니다. 제가 좋은 시민의 역할을 감당하기 위해서는 공직자를 뽑는 일도 잘해야 하지만 동시에 그들을 감시하고 견제하는 일도 중요하다는 사실을 깨닫게 되었습니다. 그런 면에서 가장 먼저 나타난 변화는 제 기도의 내용이에요. 뭐랄까요? 이전과 다르게 우리 사회 현실에 대해서 상당히 구체적인 기

도를 하게 된 것 같아요.

김지희: 사람은 누구나 인식의 지평이 넓어질수록 신앙의 지평도 함께 넓어지는 것 같아요. 말씀하신 것처럼 우리가 사회 문제에 대해서 더 폭넓고 깊은 지식을 가질수록 신앙도 더 구체적이고 실천적이게 되는 것 같습니다.

김성률: 두 분 모두 개인적인 차원에서 세월호 참사 희생자 가족들과 인연을 이어가고 계시는데요. 희생자 가족들과 가깝게 지내면서 인식의 지평이라든가, 혹은 공감 능력이 확장된 부분이 있다면 무엇인가요?

주정순: 전에는 감정적인 동의를 공감이라고 생각했어요. 고통당하는 자들과 마음으로 함께 울어주는 것으로 족하다고 생각했지요. 그리고 저는 언론매체를 통해 사회적 이슈를 접하면 가슴에 무언가 와 닿는 것은 있었지만, 그것이 제 삶에서 실제적인 부분을 차지하거나 제 생각과 행동을 바꾸기까지는 꽤 많은 시간이 필요했어요. 과거에는 제가 신앙이 없었기 때문에 공동체 의식이란 것이 거의 없었죠. 어려서부터 사회에서 살아남기 위해서는 경쟁에서 승리해야 한다고 배웠어요. 또 실제로 살면서 이런 사실들을 자연스럽게 체득했고요. 더 강하고 실력 있는 사람이 살아남고, 그

     제4부 천막카페 자원봉사자 및 지역활동가와의 대화

렇지 못한 사람은 도태되는 것이 당연하다고 믿었습니다. 저 역시 살아남기 위해서 열심히 살았고요.

　그런데 예수님을 만나고 제 생각이 잘못되었다는 것을 알게 되었어요. 예수님을 통해 제가 추구했던 삶과 전혀 다른 가치와 방식으로 작동되는 하나님 나라를 알게 되었죠. 예수님을 믿기 전에는 나와 내 가족의 생존과 안녕이 제일 중요했어요. 남을 짓밟고서라도 정상에 오르는 것이 이상적이고 바람직한 삶이라고 생각하기도 했죠. 그런데 예수님을 만나고 난 이후 이런 생각에 큰 균열이 왔어요.

　이 과정에서 제가 출석하는 교회 공동체가 큰 도움을 주었습니다. 교회에 다니기 전에는 우리 가족의 생존과 안녕은 전적으로 저만의 문제였는데, 교회에 몸을 담고부터는 교우들이 서로 챙겨주고 도와주는 것을 자연스럽게 경험하면서 이전의 제 생각이 바뀌기 시작했죠. 하나님께서 기뻐하시는 삶은 혼자서 모든 것을 책임지는 것이 아니라, 서로가 부족한 부분을 메꿔주며 함께 공존하고 연합하는 것이라는 생각이 들었습니다. 그러다 보니 가족 이기주의라는 이름의 울타리 안에서만 바라보았던 문제들을 좀 더 큰 맥락과 틀 안에서 볼 수 있는 힘이 생기기 시작한 것 같아요. 또한 사회 현상 이면에 숨겨진 의도나 목적에 대해 비판적으로 생각하는 버릇도 생겼고요. 예컨대 대구지하철 참사 후에 아마도 대다수 부모들이 자녀들에게 "앞으로 지하철 탈 때 눈빛이 이상한 사람이 있으면 그냥 보내라" 혹은 "지하철 탈 때 비상구가 어디에 있는지 미리 살펴봐라" 정도의 교육을 시키지 않았을까요? 이런 식으로 대부분의 사람은 사고가 났을 때 자기 혼자 살 수 있는 방법을 말해주는 데서 그칩니다. 사실 저도 그랬거든요. 세월호 참사가 터진 직후만 해도 내 아이가 다니는 학교에서 수학여행 가는 걸 반대해야겠다 정도의 문제의식 이상을 갖지 못했습니다. 그런데 세월호 참사 희생자 가족과 지속적으로 교제하고 그분들의 이야기를 직접 듣고 나서는 나와 내 이웃의 자녀가 함께 안전하게 살아갈 수 있도록 사회 시스템 전체를 개선해야겠다는 생각을 하게 된 거죠. 우리 가족만 잘 살면 된다는 가족 이기주의란 이름의 악이 제게도 있었고, 그런 생각으로 살아가는 한 언젠가 우리 가족도 '위험사회'의 희생자가 될 수 있겠다는 자각이 제게는 가장 큰 인식의 변화였어요.

김지희: 제 경우 세월호 참사 이후 가장 힘들었던 부분은 제 주변에 있는 '착한 악인'들이었어요. 평상시 삶을 보면 대단히 정직하고 인정 많은 사람들이 세월호 참사 희생자 가족에 대해서는 공감은커녕 사납고 잔인한 말로 비난을 할 때가 많았거든요. 참 난감했죠. 이것은 개인 윤리와 사회 윤리가 반드시 일치하지는 않는다는 것을 잘 보여주는 사례 같아요. 그런데 사회 윤리가 부재한 사람이 개인적으로 윤리적일 수 있는가 하는 문제도 꼭 짚어볼 필요

가 있는 것 같습니다.

지금도 기억나는 그림이 하나 있어요. '평등'과 '공평'에 대해 이야기하는 카툰인데, 키가 다른 세 아이가 경기장 밖 담벼락에서 야구경기를 지켜보는 내용이었어요. 아이들은 높은 담벼락 때문에 경기를 볼 수 없는 처지였고요. 그럴 때 '평등'이 똑같은 크기의 상자를 세 아이의 발밑에 놓아주는 것이라면, '공평'은 키에 맞춰 각각 다른 크기의 상자를 놓아줌으로써 세 아이 모두 편하게 야구경기를 관람할 수 있게 도와주는 것을 시사하는 그림이었어요. "왜 유독 세월호 참사에만 호들갑을 떠냐? 다른 사고로 죽고 다친 사람도 많은데"라는 말 이면에는 아이들 키에 상관없이 동일한 크기의 상자를 발밑에 놓아주면 된다는 생각이 있는 것 같아요. 겉으로는 그것이 정의로운 것 같지만 실제로는 불의하다는 것이지요.

주정순: 한국처럼 도시화가 급속히 진행된 사회에서는 이웃의 삶에 관심을 갖고 산다는 것 자체가 너무 어려운 일이 되어버린 것 같아요.

김성률: 얼마 전까지 절찬리에 방영되었던 TV 드라마 "응답하라 1988"을 보면서 어릴 적 생각이 많이 났어요. 그때는 이웃이라는 말이 실제적 의미와 힘을 가진 단어였지요. 제 경우는 시골에서 성장해서인지 몰라도 항상 대문이 열려 있었고, 이웃들이 저희 집

에 와서 밥을 먹는 경우가 일상다반사였어요. 이웃끼리 굳이 초대라고 할 것도 없이 그냥 자기 집 드나들 듯이 왕래했던 것 같아요.

김지희: 그땐 정말 그랬죠. 지금 생각해보니 참 먼 옛날의 추억이 됐네요(웃음). 제가 개인적으로 아주 좋아하는 분들 중에도 "세월호 참사를 왜 국가가 책임져야 하는가? 해운회사와 희생자 당사자들끼리 알아서 풀어야 하는 것 아닌가?"라고 말씀하는 분들이 계셔요. 세월호 참사에서 이웃의 진짜 의미를 읽어내지 못하기 때문이죠.

주정순: 우리 사회에서 자기 힘으로 먹고살 만한 위치에 있는 사람들일수록 이웃의 고통에 대해서 무심한 경향이 강하지 않은가 싶습니다. 타인의 도움이 없어도 자기 힘으로 얼마든지 행복과 안녕을 구가할 수 있다는 믿음 때문이겠죠. 하지만 이런 분들도 예상치 못했던 어려움을 만나면 결국 이웃의 도움이 필요할 것입니다.

김지희: 인간은 누구나 씨줄과 날줄처럼 상호 연결되어 있잖아요. 어떤 사람도 홀로 살 수 있는 사람은 없죠. 그런데 사람이 참 간사한 게 자기 힘으로 책임지고 있다고 생각하는 영역에 대해서는 상대방에게도 그렇게 하라고 요구하게 되는 것 같아요. 이게 참 어렵고 무서운 지점이에요. 그리스도인들이 입으로는 하나님께서

 제4부 천막카페 자원봉사자 및 지역활동가와의 대화

주시는 조건 없는 은혜를 말하지만, 실제로는 스스로의 힘과 노력을 얼마나 신뢰하고 자랑하는지 몰라요. 그런 의지와 실천이 강한 사람일수록 다른 사람에게 요구하는 기준도 높고요. 어찌 보면 굉장히 바리새적이죠.

주정순: 저는 신앙을 갖고서도 한동안은 늘 누군가의 뒤에 숨어 있었던 것 같아요. 하나님 뜻대로 살려면 내가 희생해야 하니까 그럴 용기가 없어서 누군가의 뒤에 숨어 있었던 것이죠. 그런데 늘 제 앞에서 방패막이 역할을 해주던 친구가 아프기 시작했어요. 그 일이 제게 어떤 전환점이 되었어요. 이제 제가 그 친구를 위해서 앞에 서야 하는 상황이 발생한 거죠. 예수님이 한 사람의 육체적 아픔을 통해 제게 자신을 드러내 보이셨다고 할 수 있겠네요. 요즘은 교회 공동체 가족 한 명 한 명을 보면서, 사람의 아픔 속에서 자신을 풍성하게 계시하시는 하나님을 만나요. 하나님께서 사람의 아픔을 하나님 자신의 것으로 여기시는 동시에, 제게도 그 사람의 아픔을 제 것으로 받아들이라고 말씀하시거든요. 그 하나님을 만나기 전까지는 고통당하는 사람의 아픔과 슬픔은 타인의 문제이지 우리 자신의 일이 아니잖아요.

김성률: 얼마 전 세월호 참사 희생자 가족 중 한 분과 대화를 했는데 제 예상을 깨는 이야기가 있었어요. 제가 그분에게 참사 이후

에 누가 진짜 이웃이 되어주었는지를 여쭤봤거든요. 저는 내심 세월호 광장에서 사건의 진실을 밝히고자 시위도 하고 투쟁도 한 진보 진영 인사들이라는 대답이 돌아올 줄 알았습니다. 그런데 아니었습니다. 희생자 가족들이 오히려 일부 진보 인사들 때문에 더 상처를 받았다고 하시는 겁니다. 과거에 일어났던 참사 현장을 누빈 사람들이 찾아와 "다 시간이 해결해주더라"는 말을 할 때, 그분들은 그 말이 그렇게 서운하고 아팠다고 하시더라고요. 사실 저도 그때 어설픈 위로가 오히려 더 큰 상처를 줄 수 있다는 걸 배웠어요. 마치 아이들이 아파서 꼼짝도 못하고 누워 있는데, 어떤 어른이 와서 "다 그렇게 아프면서 크는 거다"라고 말하는 것과 비슷한 맥락이지요. 그런 말을 들으면 아이가 힘을 얻을까요? 아니죠. "내가 일어서봐서 아는데 너도 일어설 수 있어"란 말이 지금 아파서 누워 있는 이들에게는 "너 혼자서 이겨내야 해"라는 가혹한 메시지로 들릴 수 있는 거죠. 과거의 자기 경험을 고착화하면 타인의 아픔을 진정으로 공감하기가 어려운 것 같아요.

김지희: 이런 이야기들을 교회 안에서도 적극적으로 나눌 필요가 있어요. 비단 세월호 참사뿐 아니라 교회 안에서 크고 작은 아픔으로 힘들어하는 분들이 많은데 정작 같은 신앙의 동료들이 그런 사정을 공감하고 위로하기보다는 오히려 신앙을 앞세워 상처를 주는 경우들이 비일비재하잖아요.

  제4부 천막카페 자원봉사자 및 지역활동가와의 대화

고통당하는 분들을 힘들게 하는 태도 중 하나가 소위 훈장질이죠. 자신이 마치 하나님이라도 되는 양 일방적으로 판단하고 가르치고 정죄하는 태도가 고통 중에 있는 분들에게 더 큰 상처를 입히잖아요. 그리스도인들은 이런 부분을 항상 경계하고 조심해야 해요.

김성률: 세월호 참사 희생자 가족들과 함께하면서 만들어진 인식의 변화가 광화문 광장을 넘어 일상의 삶으로까지 확대된 부분이 있나요?

주정순: 세월호 광장의 천막카페를 통해 얻은 경험이 인식의 변화의 출발점이 되어준 건 분명해요. 하지만 저는 지속적으로 광장에 나가지는 못했어요. 가정과 교회에서 제가 감당해야 할 일상의 책임들이 있었기 때문이죠. 제가 광장에서 만났던 분들 중에는 소위 활동가들이 계세요. 그분들은 광화문 세월호 광장이나 안산 분향소에 머물면서 지속적으로 활동을 하시죠. 그분들을 보면서 저도 광화문에서 붙박이 봉사는 못할지라도 희생자 가족들과 장기 봉사자들을 잊지 않고 계속 만나고 싶었어요. 마침 안산에서 명예 졸업식이 있어 제 딸과 교회 동생과 함께 다녀왔어요. 그날 단원고 희생자 학생들의 교실에 갔었죠. 그때 함께 갔던 교회 동생은 현장이 처음이었어요. 그런데 그 동생이 다음날 눈물을 흘리면서

주변 사람들에게 고백하는 것을 듣고 속으로 깜짝 놀랐어요. 제가 겪은 것과 너무나 비슷했거든요. 동생은 이렇게 고백했습니다. "책상마다 영정사진과 꽃이 있는데, 제가 교사이다 보니 여러 생각이 들었어요. 내가 맡은 반 아이 하나가 아파서 학교를 못 와도 신경이 쓰이는데, 이렇게 많은 자리가 비어 있다니…. 어떻게 말로 표현할 수 없는 슬픈 감정이 휘몰아쳤어요. 이건 학살이란 생각이 들더군요. '어떻게 이것이 단순 사고란 말인가?' 하는 생각에 마음이 너무 힘들었어요. 무수히 많은 영정사진 앞에 서 있는 것 자체가 너무나 충격적인 사건이었죠." 그날 그 동생이 아직도 이유식을 하는 아기와 4살짜리 꼬마 애를 데려갔어요. 어린아이들 때문에 힘들 것 같아서 이제 그만 가자고 하는데도 동생은 피해가 가족의 예배까지 다 참여하더라고요. 예배가 끝나고 나서도 한 어머니가 건네주신 도시락을 먹고 늦게까지 그 자리에 남아 있었죠. 그 하루 동안의 경험이 이 사건에 대한 동생의 시각을 깊이 바꿔놓은 걸 느꼈어요. 제가 먼저 눈으로 보면서 새롭게 체득한 세계관이 누군가에게 전달되어 그를 바꾸고 있다는 것이 저로서는 무척 감사하더라고요.

저는 동네에서 비영리 북카페의 책임을 맡고 있기에 늘 여기서 무엇을 하면 좋을지에 대해 고민합니다. 저희 동네 주민들 상당수가 세월호 참사의 진실을 알지 못하고 있다고 생각하거든요. 아파트 베란다나 차량에 노란 리본을 매단 것을 한 번도 못 봤기 때문

       제4부 천막카페 자원봉사자 및 지역활동가와의 대화

이죠(웃음). 그래서 더 제가 서 있는 자리에서 이웃과 마을을 향해 어떤 일을 할 수 있을지 고민이 되었어요. 사실 안산이나 광화문, 팽목항 같은 곳에 가지 않으면 현장을 직접 경험하기가 어렵잖아요. 그래서 저는 안산과 광화문에 있는 자료를 마을로 가지고 와서, 현장에 갈 수 없거나 사건의 실체를 아직 잘 모르는 분들에게 알려야 한다는 생각을 했어요. 저희 북카페에 세월호 참사 관련 자료를 전시하기 시작한 것도 그 때문이지요. 작은 일이었지만 그것이 저희 마을에서도 세월호 참사에 대한 기억을 공유하도록 돕는 일이라고 생각했어요. 저는 제가 현장과 마을을 연결시키는 다리 역할을 해야 한다고 생각했습니다.

한 달에 한 번 열리는 "쌀의 노래"라는 평화콘서트가 있어요. 한 번은 거기서 세월호 참사 희생자 가족들의 이야기를 직접 듣고 나누는 기회가 주어졌는데요. 저는 즉시 이런 모임이 있다고 마을 주민들에게 소개했어요. 그러던 중 저희 마을에서 함께 학부모 운동을 하고 있는 시민운동가 한 분이 계양구 주민들의 힘으로 또 다른 시민들에게 "나쁜 나라"라는 영화를 상영해주자는 제안을 하셨어요. 그래서 계양구의 이런저런 작은 모임들이 십시일반 돈을 모은 다음 장소를 빌려 영화를 상영했지요. 그날 많은 분들이 오셔서 영화를 보았고, 거기서 모인 돈은 다시 세월호 참사 관련 운동을 하고 있는 단체들에 기부했어요.

이런 일련의 과정에 저도 추진위원 자격으로 참여하게 되었는데, 단순히 영화를 보는 것으로 끝내지 말고 기왕이면 세월호 참사 희생자 가족을 초대해 이야기를 듣는 시간을 갖자는 의견이 나왔어요. 그래서 제가 연락책을 맡아 그 만남을 성사시켰지요.

사실 처음에는 마을 주민들에게 세월호 참사의 실체를 어떻게 알릴까 고민이 많았어요. 그런데 신기하게 고민하는 부분이 하나씩 순조롭게 해결되는 거예요. 그때마다 하나님의 섭리적 역사를 많이 느꼈어요. 저는 세월호 희생자 가족을 주민들이 직접 만나 대화를 나누는 것이 굉장히 중요한 일이라고 생각했거든요. 그렇게 되면 제가 제삼자의 입장에서 말로 전달하는 것보다 훨씬 더 귀중한 경험을 할 수 있다고 생각했어요. 피해 당사자들의 입에서 나오는 직접적인 증언이 얼마나 강력하게 다가오는지는 누구보다 먼저 제 자신이 경험으로 잘 알았기 때문에 그런 자리가 꼭 필요하다고 보았습니다. 하지만 방법이 문제였는데 감사하게도 마을 주민들이 별 거부감 없이 자연스럽게 함께할 수 있는 상황이 열린 거예요. 사실 한 번에 열 걸음을 내디딜 수는 없지요. 크게 욕심 부리지 않고 한 걸음을 내디디니까 다음 걸음도 예비되더라고요. 저는 이것이 하나님의 인도하심이라고 생각해요. 희생자 가족들과 직접 만나 이야기를 듣고 나니, 각자가 자기만의 삶을 넘어 우리 모두의 삶에 관심을 갖게 된 것이죠. 또 피해자 가족들이 끔찍한 고통 가운데서도 그 고통을 정직하게 대면하면서 극복하려는 이야기를 듣다 보면 우리 삶에 존재하는 유사한 이야기를 반추하

     제4부 천막카페 자원봉사자 및 지역활동가와의 대화

게 되는 것 같습니다. 그때 북카페에서 함께 간담회를 가졌던 마을 주민들과 지금은 상당한 연대감이 생겼어요. 제가 광화문 천막 카페에 첫발을 내디뎠을 때를 생각해보면 지금도 너무 신기해요.

김지희: 세월호 광장 천막카페에서 봉사를 할 때 읽었던 책이 있어요. 미로슬라브 볼프의 『광장에 선 기독교』(IVP, 2014)라는 책이에요. 공공신학을 다루는 책인데 천막카페에서의 경험과 겹치는 부분이 있어 공감이 많이 갔어요. 볼프는 이 책에서 "다원화된 정치사회와 다문화의 현실에서 기독교는 어떤 역할을 해야 하는가?"라는 질문을 던집니다. 사실 제가 사는 마을 자체가 다문화·다원화된 세상이거든요. 마을의 비영리 북카페에서 함께 봉사하는 분 중에는 불교 신자도 계세요. 그분에게 천막카페를 소개했어요. 그런데 그분이 가족과 함께 광장에 나오시더니 적극 봉사도 하고 피켓시위도 하고 함께 행진도 하면서 주체적으로 활동하시는 거예요. 솔직히 너무 놀랐어요. 『광장에 선 기독교』에 보면 공공선을 성취하기 위해 타 종교와 연대해야 한다는 내용이 나오는데, 제가 그것을 실제로 경험한 것은 천막카페를 통해서예요. 그때 정치적·종교적 다원주의 사회에서 공공선의 증진을 위해 종교를 넘어선 시민의 연대와 연합이 얼마나 중요한지를 또렷이 경험했지요.

김성률: 흔히 '공공의 행복과 안녕' 하면 경제적으로나 사회적으로 좀 더 풍족해지는 것이라고 생각할지 모르겠는데요. 하지만 저는 그것이 사회적 약자와 고난당하는 자들을 돌보고 위로하는 것이라고 생각합니다. 그런 공공의 행복과 안녕을 구현하는 것이야말로 진정한 공공선이겠지요. 또 그것이야말로 진정으로 성서적 가치에 부합하는 것 같아요. 성서는 사회에서 소외되고 배제된 자, 가난하고 병든 자, 이방인과 나그네에 대해 거의 편파적이라고 할 정도로 관심을 기울이잖아요.

김지희: 저도 그런 생각이 들어요. 제 경우는 천막카페 봉사를 하던 중에 이전의 지병이 도졌어요. 간암 판정을 받아 불가피하게 천막카페 봉사를 내려놓을 수밖에 없게 된 거죠. 그런데 참 신기한 건 그때를 전후해서 제 대신에 마을 주민들이 다양한 모습으로 봉사를 하기 시작한 거예요. 정순 씨도 그중 한 분이고요. 되돌아보면, 천막카페 첫 봉사 때부터 지금까지 다양한 형태의 인적네트워크가 씨줄과 날줄처럼 엮여 새로운 생태계가 만들어졌어요. 이 일을 가까이서 지켜보는 것은 정말 놀라운 경험이에요. 저처럼 아프거나 혹은 여러 다른 이유로 현장에 직접 뛰어들지 못하는 사람들도 안산이나 광화문 같은 특정한 공간이 아닌 마을에서의 모임과 봉사를 통해 세월호 참사 희생자들과 그 가족들을 기억하고 지지할 수 있다는 것이 중요해 보입니다. 개인적으로 안산이나 광화

　　　　제4부 천막카페 자원봉사자 및 지역활동가와의 대화

문에는 못 가도 마을에서 여전히 동일한 여정을 걸을 수 있다는 것이, 그럴 수 있도록 함께 걸음을 내디뎌주는 마을이 있다는 것이 참 감사합니다.

김성률: 우리가 앞으로 마을에서 어떤 일들을 더 발전시킬 수 있을까요?

주정순: 저는 세월호 참사 이전에도 제가 살고 있는 지역에 대한 관심이 컸어요. 지역 주민들에게 하나님의 성품을 전하는 삶을 살아야겠다는 소명감 같은 것이 있었거든요. 제가 속한 교회공동체가 운영하는 비영리 북카페를 통해 이런 생각이 어느 정도 현실화되었지요. 그런데 막상 일을 시작해보니 마을 주민들과 소통한다는 게 말처럼 쉽지 않았어요. 저도 그런 일이 익숙하지가 않았는데 교회 안에서도 비판적으로 보는 분들이 있었고, 마을에서도 이상하게 받아들이는 것 같았어요. 북카페가 무슨 보육원이냐는 말도 들었고요. 사실 처음 한동안은 겨우 버텼다고 해야 맞을 거예요. 그러다 보니 벌써 3년째네요(웃음). 한번은 마을의 이웃 한 분이 제게 "너는 네 일도 아닌데 북카페에서 뭘 그렇게 열심히 하느냐?"고 물으시더라고요. 하지만 저는 그분이 말은 그렇게 해도 늘 조용히 저를 지켜보고 계신다는 걸 알아요. 그리고 시간과 함께 지금처럼 뚜벅뚜벅 걷는 걸음이 차곡차곡 쌓이면 우리 이웃들의

시선과 마음도 더불어 변화될 것이라고 믿어요.

김지희: 무슨 일이든 일종의 임계점을 지나야 효과가 나타나는 것 같아요. 우리가 한계를 넘어설 때 비로소 그 일이 의미와 내용을 드러내는 경우가 허다하지요. 이것이 우리를 미치도록 힘들게 하지만요(웃음).

주정순: 마을의 비영리 북카페를 지키고 있다 보면 어느 날은 하루 종일 아무도 안 올 때가 있었어요. 그럴 때는 지금 내가 여기서 뭐 하고 있는 거지라는 마음이 들어요. 하지만 되돌아보면, 그런 시간이 없었다면 지금 이런 아름다운 공간이 만들어졌을까 싶죠. 최근 저희 카페에서 세월호 참사 희생자 가족들이 마을 주민들과 함께 대화하는 모임을 가졌는데, 이날 저는 너무 기뻤어요. 사실 저희 교회 안에서도 북카페 운영 비용으로 차라리 해외선교를 하는 게 더 좋지 않겠냐는 의견이 있었거든요. 그럴 땐 참 속상하고 힘들었어요. 또 한편으로는 내려놓고 싶다는 마음도 들었고요. 가끔은 오기도 발동했죠. "이 일이 정말 의미가 있는지 없는지 끝까지 가보자" 하는 오기요(웃음). 제가 이 일을 하면서 배운 것은 아무리 좋은 일이라도 그것을 이루어가는 과정은 보기에 따라 느릴 수 있다는 겁니다. 일이 더디다고 불평할 게 아니라 한 걸음 한 걸음씩 차례로 내디뎌야 해요.

          제4부 천막카페 자원봉사자 및 지역활동가와의 대화

김지희: 저는 천막카페가 일하는 방식을 통해 배운 게 많아요. 많은 개인이나 단체가 자신이 하려는 일이 옳으니까 그 일의 주도권도 자기가 행사해야 한다고 생각하기 쉽잖아요. 하지만 천막카페는 광화문 광장에서 일어나는 일의 주도권에 대해 일절 욕심을 내지 않더라고요. 광장의 전체적 상황에 맞게, 또 그 안에서 필요로 하는 일들을 적극적으로 뒷바라지하면서도 그리스도인으로서의 자기 정체성을 상실하는 법이 없었어요. 저는 교회가 지역에서 일하면서 이런 부분을 참조해야 한다고 봐요. 대부분의 교회가 지역의 어떤 행사에 참여할 때 그 주도권을 교회가 쥐어야 한다고 생각하거든요. 교회의 이웃과 그 교회가 속한 지역의 정서와 필요에는 별반 주의를 기울이지 않고 교회의 필요와 주장을 일방적으로 지역에 관철시키려는 경우도 많고요. 이런 프레임 안에서는 지역 주민들이 늘 손님 혹은 이방인, 또는 교회보다 하등한 존재가 될 수밖에 없지요. 쉽게 말해서 교회는 베푸는 자, 마을은 받는 자가 돼버리는 거죠. 저는 교회가 지역과 만날 때, 우월한 존재가 열등한 존재를 상대하는 방식이 아니라 그냥 이웃의 신분으로 자연스럽게 지역의 삶의 맥락 속으로 들어가서 하나가 되는 것이 중요하다고 생각해요. 교회의 시선으로 지역을 보는 것이 아니라, 지역의 일원이 되어 그 상황 속에 함께 서는 것이죠. 교회가 지역과 같이 한 길을 걷는 겁니다. 교회가 지역과 함께 발걸음을 내딛는데 그 걸음의 내용을 면밀히 살피면 하나님 나라의 방식인 거죠.

김성률: 세월호 참사가 두 분의 신앙 스타일 혹은 색깔에 어떤 영향을 미쳤는지도 나눠주시면 좋을 것 같아요.

김지희: 저는 오랫동안 오로지 개인 구원의 차원에서 기독교 신앙을 이해했어요. 그러다가 어느 순간 그리스도인이 사회 문제에 관심을 갖지 않는 것이 과연 옳은 것인지에 대한 의심이 들기 시작했죠. 마침 그즈음에 세월호 참사가 벌어졌던 것이고요.

세월호 광장에 나가면서, 그곳에서 만나는 분들이 초면임에도 자신에 대해서 상세히 털어놓으실 때 속으로 참 많이 놀랐어요. 제가 사는 마을에서 만나는 분들은 전혀 그렇지 않거든요. 대개는 시간과 거리를 두고 천천히 다가오시고 또 자신에 대해서 아주 조금씩 풀어놓으시죠. 용어나 표현이 과격하거나 직설적이지도 않고요. 하지만 광장에서 만난 분들은 정반대였어요. 한꺼번에 많은 이야기를 거침없이 쏟아내곤 했죠. 제 앞에서 대놓고 기독교를 비난하거나 욕하는 분들도 많았고요.

솔직히 저희 동네 주민들은 제가 기독교인인 것을 알기 때문에 제 앞에서 대놓고 기독교 비판을 하지는 않거든요. 그런데 광장은 전혀 달랐어요. 기독교에 대한 부정적인 감정을 격렬하게 쏟아내는 분들이 아주 많았습니다. 낯설고 당황스러운 경험이었죠. 그런데 그 과정에서 제가 '광장의 하나님'을 만났어요. 저는 오랫동안 하나님을 교회 안에 계신 분으로만 이해했어요. 물론 이론적으로

 제4부 천막카페 자원봉사자 및 지역활동가와의 대화

는 창조주 하나님께서 온 세상을 다스리신다고 믿었지만, 실천적
으로는 주로 예배당 안에서 활동하시는 하나님 개념에 갇혀 있었
죠. 그러나 광장에서 각기 다른 생각과 입장과 주장을 가진 많은
사람들을 만나면서, 우리 하나님께서는 이들 모두의 하나님이시
라는 생각이 들더라고요. 그게 제게는 참 충격적인 경험이었습니
다. 광장에 나오기 전까지는, 제가 경험한 세상, 제게 익숙한 문화
들, 제가 좋아하는 사람들만 따로 분리시켜놓고 하나님이 우리들
만의 하나님이라고 생각했던 거죠. 그런데 광장에 나와 다양한 사
람들을 만나서 그들의 경험을 듣고, 또 그들과 함께 일하면서 하
나님은 제가 생각했던 것보다 훨씬 더 크신 분이라는 것을 실감했
어요. 광화문에서 경험한 만남과 대화 속에서 하나님의 통치 범위
가 확장된 거지요. 당연히 제 안에 임재하신 하나님의 개념도 확
장되었고요. 하나님에 대한 인식의 범위가 커지니까, 하나님을 더
많이 의지하게 되더라고요.

김성률: 자신과 다른 정체성을 가진 사람들과의 만남이 오히려 하
나님의 '다스림의 범주'를 넓혔다는 얘기네요. 낯설고 다양한 사람
들과의 만남, 그중에 교회와 목사를 격렬히 비판하는 사람이 있음에
도 그런 사람들과의 만남을 통해 더 크신 하나님을 만났다는 것이
참 신선하게 다가옵니다. 우리의 신앙이 긍정적 소스를 통해서만이
아니라 부정적 소스를 통해서도 승화될 수 있다는 것이 흥미롭군요.

주정순: 저도 그랬어요. 다양한 사람들을 만나 그들의 이야기를 들을수록 하나님에 대한 이해가 더 넓어졌지요. 두 달 전 제주도로 희생자 가족들과 여행을 갔을 때도 마찬가지였어요. 처음에는 지희 씨와 같이 가는 줄 알았는데, 지희 씨 병이 심해져 결국 혼자 가게 되었어요. 일행 중에 아는 사람이 전혀 없는 상황이 된 거죠. 공항에서 희생자 가족들과 장기 봉사자들을 뵈었는데 처음에는 어찌나 조심스러운지 정말 한 마디도 못하겠더라고요. 얼마나 긴장을 했는지 음식도 잘 못 먹고, 비행기에서 내려 버스를 타고 이동할 때도 맨 뒷자리에 조용히 앉아 있었어요. 그러다 우연히 제 핸드폰에 있는 내비게이션 앱으로 운전하시는 분을 도와드리게 되면서 점차 마음을 열고 함께 간 분들과 스스럼없이 어울릴 수 있었습니다. 그 여행이 제게 준 유익이 큽니다. 그 여행을 통해서 하나님의 뜻이 저의 고정관념과 예상을 깨고 찾아온다는 것을 알게 되었어요. 저는 유독 고통에 대한 두려움이 남들보다 많았어요. 그런데 큰 어려움을 겪은 분들을 만나고 그분들과 함께 지내면서 제 경험과 인식의 세계 안에 가둬놓은 하나님 개념을 내려놓게 되었죠. 희생자 가족의 이야기 중에 아주 인상 깊었던 말이 있어요. "세월호 참사를 겪고 나서 다양한 교회와 목회자들, 그리고 신자들을 만났어요. 그러면서 하나님은 너무나 크시고 다양하게 일하시는 분임을 느꼈습니다."

 제4부 천막카페 자원봉사자 및 지역활동가와의 대화

김지희: 내 몸이 아프거나 내 자식에게 문제가 생기면 우리는 그런 사정을 하나님께 아뢰잖아요! 누구나 자기의 고통과 아픔에 대해서는 정말 예민하지요. 제가 최근 간암 수술을 받고 나니 몸이 아픈 분들에 대한 관점이 완전히 달라졌어요. 무슨 일이든 그냥 단순히 보는 것이 아니라 그 안에 담긴 깊은 뜻을 찾게 되고, 사람을 만날 때도 더욱 최선을 다하게 되더라고요. 우리 가족이나 친구나 이웃은 단순히 '그 사건'이 아니라 '그 사람'인 거잖아요.

세월호 참사 이야기를 뉴스로만 볼 때 그것은 선정성이 가미된 사건의 수준에 머물 수밖에 없어요. 거기에 사람은 없고 사건만 있죠. 제가 광장에 나가면서 가장 절실히 느낀 것은 그곳이 사건이 아니라 사람이 있는 곳이라는 사실입니다. 참사도 우연히 그냥 일어난 사건이 아니라 사람이 당한 일인 거죠. 저는 광장에서 세월호 희생자 가족들과 장기 봉사자들을 만나면서 그 공간 안에 사람이 존재한다는 것을 실감나게 배웠습니다. 그리고 그 구체적이고 인격적인 존재들 안에, 그들 곁에, 하나님이 임재하고 계시다는 것을 알게 되었죠. 광장에서 신앙의 진정한 의미에 대해 질문하고, 또한 신앙적 렌즈로 광장을 해석하는 과정을 반복하면서 하나님을 정말 입체적으로 경험할 수 있었습니다.

주정순: 정말 그런 것 같아요. 다른 사람을 하나의 사건 혹은 사물로 보느냐, 아니면 인격적 존재로 보느냐가 하나님과 우리의 관계

에 엄청난 영향을 미치는 것 같아요.

김지희: 저는 광장에서 하나님을 입체적으로 경험하면서부터 이전보다 하나님을 더 많이 사랑하고 의지하게 되었습니다. 신앙이란 게 끝없이 자기 자신과 씨름하는 문제만은 아닌 것 같아요. 즉 하나님은, 이웃과 상관하지 않고 자기 내면만을 파고 또 파는 방법으로만 만나는 것이 아니지요. 오히려 하나님은 그분이 자신을 다양한 방식으로 계시하시는 세상 한복판에서, 더 자주 만나게 되는 것 같습니다. 그렇게 대면하는 하나님은 정말 크신 분이시고요. 저는 그동안 살면서 신앙의 초점을 넓히면 그만큼 엷고 가벼워질지도 모른다는 두려움이 있었어요. 하지만 신앙의 폭이 넓어지니 깊어지는 것도 있더라고요. 제가 광장에서 만난 하나님은 그런 분이셨어요.

주정순: 저 역시 그동안 무가치하게 생각하고 애써 외면했던 것들을 광장을 통해 새롭게 만나고 경험하면서, 제가 지금까지 살아오면서 겪었던 모든 이야기가 사실은 다 하나님의 섭리 안에서 쓰인, 그분을 계시하시는 데 필요한 이야기임을 보았어요. 그런 관점을 갖게 되자 내가 못나고 서러운 과거라고 꼭꼭 싸매두었던 것들, 해결책을 못 찾고 불면의 밤을 지새워야만 했던 일들이 모두 가치 있게 다가왔지요.

 제4부 천막카페 자원봉사자 및 지역활동가와의 대화

저는 늘 제 삶의 무게가 힘겹다고 투덜댔는데 저보다 훨씬 더 힘든 사연을 가진 분들과 같이 이야기를 나누면서 제 문제가 사실은 별게 아니라는 생각이 들기 시작했어요. 따지고 보면 제 상황이 변한 건 아무것도 없는데 무언가가 내 안에서 변하기 시작한 거죠. 저는 이것도 하나님이 제 문제를 해결해가시는 한 가지 방법이라는 생각이 들어요. 저는 전혀 생각도 못했던 방법이지만요(웃음).

김성률: 보통은 하나님이 개인에게 은혜를 주셔서 그의 내면에 변화가 일어나고 그 결과 관점이 변하면 그 에너지가 외부로 나아가는 것이 일반적인 도식인데요. 지금 말씀을 들어보면 외부의 경험을 통해 내부 문제를 새롭게 인식한다는 것이 흥미롭습니다. 우리가 흔히 생각하는 신앙의 프레임과는 다르네요. 이 말씀은 교회론에도 상당한 통찰을 준다고 생각됩니다. 우리는 늘 교회에서 시작해서 사회로 나아가는 경향이 있는데요. 거꾸로 사회에서 출발해 교회로 돌아오는 지점을 고민해볼 필요가 있을 것 같습니다.

김지희: 사람은 누구나 자기와 비슷한 부류와 어울리기를 좋아하잖아요. 그게 심리적으로나 정서적으로도 편하고요. 반대로 자기와 취향, 스타일, 삶의 방향이 다른 사람들에 대해서는 불편해하고 심지어는 증오하고 제거하려고도 하죠. 이것은 교회 안에서도 별반 다르지 않습니다. 교회에서도 사람들은 자기와 마음이 맞고

생활 수준이나 스타일이 비슷한 사람과 더 잘 어울리죠. 그리스도인들이 입으로는 사랑을 외치지만 실제 삶에서는 비그리스도인들에 대해서는 말할 것도 없고, 같은 신자들끼리도 얼마나 쉽게 선을 그어놓고 삽니까? 그러면서 입만 열면 자신의 입장과 행동이 하나님의 뜻이라고 강변하죠. 그런데 사실 이게 말이 안 되는 거잖아요. 어떻게 일개 피조물에 불과한 인간이 창조주 하나님과 일치할 수 있으며, 또 하나님의 뜻을 다 헤아리고 파악할 수 있겠어요? 우리가 정말 하나님을 믿는다면, 하나님 앞에서 좀 더 겸손하고 또 타인에 대해서도 열린 마음을 가져야 할 것 같습니다.

저는 세월호 참사 이후 광장에 나가면서 저와 다른 교단, 다른 분파에 속한 그리스도인들을 많이 만났습니다. 그분들이 말하는 하나님과 세상에 대해서도 정말 많은 이야기를 들었고요. 그러다 보면 제 안에서 질문들이 요동을 칠 때가 있어요. 성서에 두드리면 열린다고 하셨는데, 전 궁금한 자가 계속 두드리지 않을까 싶어요(웃음). 세월호 참사 자체도 그랬지만, 광장 역시 끝없이 하나님을 향해 질문의 문을 두드리게 해주더라고요. 아무튼 저와 다른 분들과의 대화를 통해서 저는 제가 생각했던 것보다 하나님이 훨씬 더 크고 넓으신 분이라는 것을 배웠습니다.

김성률: 저는 처음에는 매주 토요일마다 광장에 나갔다가 그 후에는 격주로 나갔어요. 그럼 한 달에 두 번 나가는 거잖아요? 그런데

 제4부 천막카페 자원봉사자 및 지역활동가와의 대화

도 제 주변에서는 제가 광장 일에 너무 많은 시간과 에너지를 빼앗긴다는 따가운 시선이 있었어요. 사실 가정과 교회에 쏟는 힘은 그보다 훨씬 더 많은데 이걸 갖고는 뭐라고 안 하면서도 고작 두 주에 한 번 광장에 나가 봉사하는 것을 갖고는 뒷말이 많았죠. 누군가 자신이 갖고 있는 에너지의 90%를 가정이나 직장이나 교회에 쏟고, 나머지 10%만 마을 혹은 사회 문제에 쏟아도 후자에 바치는 에너지가 너무 커 보이는 거지요. 저는 이것을 '무게중심에 의한 착시효과'라고 부르고 싶어요.

주정순: 저도 그 부분에 대해 어느 정도 동의해요. 저도 광장에서 장기 봉사하시는 분들을 처음 만났을 때 속으로 했던 질문이 '저분들은 자기 가정은 잘 챙기면서 여기 나와계신 건가?'였거든요. 저 역시 제 삶의 기준으로 다른 사람들의 삶을 판단하고 해석했던 거죠.

김성률: 신앙적으로 볼 때 무게중심의 전환이 필요할까요?

김지희: 필요하다고 생각해요. 문제는 '어떻게 전환이 가능한가?'겠지요. 저는 이런 무게추의 변화가 혼자서는 어렵다고 생각해요. 이를 위해서는 공동체의 지원이 필수적입니다. 제가 광장에 나갈 때마다 저희 아이들을 정순 씨와 다른 교회 식구들이 잘 보살펴줬

어요. 끼니에 맞춰 밥도 먹여주고 잠을 재워줄 때도 있었고요. 자기 아이들처럼 잘 대해주었지요. 비록 자신들은 현장에 나갈 수 없지만 현장에 가는 저의 상황을 이해해주고 그 짐을 함께 져준 거예요. 너무 고마웠죠. 엄마의 부재에 대한 저희 아이들의 불만은 그런 식으로 해소되거나 무마되었어요(웃음). 어떤 봉사나 사역을 개인이 전적으로 짊어지는 것이 아니라, 공동체가 함께 참여하여 다양한 방식으로 손을 맞잡고 한 방향을 바라보며 나아갈 수 있다면 분명 무게추가 옮겨질 수 있다고 봅니다.

김성률: 우리가 삶의 무게중심을 약간이라도 조정하면 삶의 내용과 질도 덩달아 조정되잖아요. 이런 부분에 실제적인 지혜와 균형이 필요한 것 같습니다.

또 한 가지 기억해야 할 것은 우리가 어떤 의미와 가치를 추구한다고 해서 그것 자체가 하나님을 증거하는 것은 아니라는 겁니다. 오히려 가치와 의미를 추구하는 과정 자체, 즉 우리의 사명을 위해 달려가는 삶 자체가 하나님을 증거하지요.

오늘 대화를 통하여 느낀 점을 말해볼게요. 우선, 우리가 광장에서 하나님을 제대로 만나고 있는 것 같네요(웃음).

첫째, 신앙적인 성숙과 성장이 단지 예배나 성경공부 같은 종교적 활동, 혹은 독서모임이나 토론 같은 지적인 활동에서만 시작되지 않고 오히려 고통당하는 현장에 대한 경험에서도 시작될 수 있는 가능성을 많이 보았습니다.

둘째, 그런 경험에서 비롯된 질문들, 긍정과 부정의 경험이 광장에 임재하시는 하나님의 속성을 더 깊이 경험하는 계기가 된 것도 가슴에 와 닿았습니다.

셋째, 광장의 하나님에 대한 경험은 결국 우리 몸에 기억되기에 궁극적으로 증인의 역할을 할 수밖에 없다는 점이 좋았어요. 광장에서 일어나는 수많은 사건에 대해 먼저 자신에게 물음을 던지고 그 질문에 대한 답을 몸으로 체험하면서 찾아내기에, 또한 그 답을 다른 이들에게 알릴 수밖에 없는 것 같습니다.

넷째, 광장의 하나님을 경험한 사람들이 자신의 마을로 되돌아가서 이웃에게 하나님을 증언하는 일련의 과정이 중요한 것 같습니다. 광장과 마을이 상호 연결되어 있다는 것이죠. 저는 이것을 세계적인 동시에 지역적이 되라는 의미로 받아들입니다.

다섯째, 사회적 아픔에 대한 인식의 폭이 깊어지고 넓어질수록 신앙의 인식의 범위도 덩달아 확대된다는 것을 깨달았습니다.

여섯째, 광장에서 섬기는 일이 개인의 능력이나 열심에만 맡겨둘 문제가 아니라 공동체가 함께 돕는 가운데 이루어져야 한다는 것을 봅니다. 전방과 후방이 긴밀히 연결되어 있어야 한다는 말이지요.

김지희: 광장의 하나님은 시간이 지날수록 더 어려운 수수께끼 같

아요. 그분이 아직도 많은 질문을 선사하시지만, 점점 더 그 길이
가보고 싶어집니다.

김성률: 예, 두 분 다 너무 감사드립니다. 부디 고통의 현장을 끝까
지 외면하지 않고, 광장의 하나님을 더 배우며 계속 이 길을 걸어
가시면 좋겠습니다.

광장의 교회
광화문 세월호 광장 천막카페 이야기

Copyright ⓒ 양민철·김성률 2016

1쇄발행_ 2016년 4월 16일

지은이_ 양민철·김성률
펴낸이_ 김요한
펴낸곳_ 새물결플러스
편   집_ 왕희광·정인철·최율리·박규준·노재현·최정호·한바울·유진·권지성·신준호
디자인_ 이혜린·서린나·송미현
마케팅_ 이승용
총   무_ 김명화·최혜영
영   상_ 최정호

아카데미_ 유영성·최경환·황혜전

홈페이지 www.hwpbooks.com
이메일 hwpbooks@hwpbooks.com
출판등록 2008년 8월 21일 제2008-24호
주소 (우) 07214 서울특별시 영등포구 양평로 11, 5층(당산동 5가)
전화 02) 2652-3161
팩스 02) 2652-3191

ISBN 979-11-86409-50-3   03230

책값은 뒤표지에 있습니다.

이 도서의 국립중앙도서관 출판시도서목록(CIP)은 서지정보유통지원시스템 홈페이지
(http://seoji.nl.go.kr)와 국가자료공동목록시스템(http://www.nl.go.kr/kolisnet)에서
이용하실 수 있습니다(CIP제어번호: CIP2016008570).